ISAAC HERNÁNDEZ

MAESTRO DE SOMBRAS: LA CONSTRUCCIÓN DEL LIDERAZGO POLÍTICO

ExLibric

ANTEQUERA 2024

MAESTRO DE SOMBRAS: LA CONSTRUCCIÓN DEL LIDERAZGO POLÍTICO
© Isaac Hernández
Fotografía de portada: Juanmi Alemany
Diseño de portada: Rodrigo Cornejo y el Dpto. de Diseño Gráfico Exlibric

1ª edición

© ExLibric, 2024.

Editado por: ExLibric
c/ Cueva de Viera, 2, Local 3
Centro Negocios CADI
29200 Antequera (Málaga)
Teléfono: 952 70 60 04
Fax: 952 84 55 03
Correo electrónico: exlibric@exlibric.com
Internet: www.exlibric.com

ISBN: 978-84-10076-84-6
Depósito Legal: MA 1787-2024

Impresión: PODiPrint
Impreso en Andalucía – España

Nota de la editorial: ExLibric pertenece a Innovación y Cualificación S. L.

ISAAC HERNÁNDEZ

MAESTRO DE SOMBRAS: LA CONSTRUCCIÓN DEL LIDERAZGO POLÍTICO

A Héctor Gómez mi gratitud siempre…

*Para ti, que buscas el liderazgo necesario,
como faro de inspiración y guía, para encontrar
el camino que te lleve a un mundo mejor.*

AGRADECIMIENTOS

Quiero agradecerte la curiosidad y motivación que te han hecho llegar hasta esta página.

Y te invito a reflexionar sobre tu potencial liderazgo en la política, en tu proyecto de vida o en lo que de verdad te mueva por dentro, aquello que realmente te emocione.

Gracias de antemano por tener la valentía de adentrarte en este territorio del poder político que, en cierta forma, es bastante desconocido.

Ojalá *Maestro de Sombras* sea el libro que te empuje a un apasionante viaje hacia el autoconocimiento y el crecimiento personal, y que, al cerrar sus páginas, te sientas con la inspiración y la capacidad suficientes para decir algún día que fuiste capaz… ¿de qué?

Esa parte del libro escríbela tú.

Isaac Hernández

ÍNDICE

*«Quiero hacer el bien, quiero que el mundo
sea mejor porque yo estuve aquí».*

WILL SMITH

PRÓLOGO

El escenario geopolítico actual, cambiante y polarizado, exige liderazgos políticos que marquen la senda de sociedades en las que se impongan la convivencia, el desarrollo y el progreso. El presente libro de Isaac Hernández hace un claro llamamiento a la acción, a identificar liderazgos que proyecten, desde la enorme responsabilidad que supone la gestión pública, la fuerza, la visión y la contundencia necesarias que demanda una sociedad castigada por la confrontación política. Las estrategias sobre liderazgo político y la recopilación de teorías que comprende este libro invitan al análisis y a la reflexión sobre la gestión adecuada del *leadership* en la actualidad.

Este libro nace, además, en un año especialmente relevante, señalado por las elecciones al Parlamento Europeo, que definirán el modelo de proyecto europeo que marcará el próximo lustro ante desafíos únicos que redefinen su existencia; o las elecciones en EE. UU., que sin lugar a dudas dejarán su huella en la senda de las relaciones bilaterales, con especial impacto en el multilateralismo en los próximos años. Son sólo dos claros ejemplos de la relevancia de grandes liderazgos que determinarán el equilibrio, progreso y desarrollo de sociedades más justas y globalizadas.

Los liderazgos se construyen, se edifican y se manifiestan en todos los ámbitos con características potenciadoras de compromiso, ilusión y determinación. Desde lo local a lo autonómico, nacional o en el espectro multilateral. La negociación y la búsqueda del acuerdo productivo y eficaz, atendiendo al interés general por encima del cortoplacismo y las consideraciones sesgadas al interés individual o partidista, deben ser los pilares sobre los que debe pivotar el liderazgo, que además debe descansar sobre valores como la justicia, la igualdad y la libertad. El liderazgo en el tiempo, su consolidación, su capacidad y permeabilidad a la sociedad y al entorno público son algunos de los aspectos clave que afronta Isaac Hernández en este libro que supone un auténtico desafío a la superación, crecimiento y desarrollo de cargos públicos con deseo de alcanzar la excelencia. El autor, Isaac Hernández, amigo, vecino y tinerfeño, es un destacado consultor político con amplia experiencia en comunicación, *marketing* y estrategia. En este libro profundiza en las grandes dificultades y complejidades que los líderes han asumido en el contexto internacional y también en los ámbitos más cercanos a la ciudadanía.

Maestro de Sombras: La Construcción del Liderazgo Político es el inicio de una apasionante trilogía que se adentra en el poder desde una perspectiva del liderazgo efectivo y potenciador. Una invitación al crecimiento, al conocimiento y al descubrimiento. Isaac nos ofrece un valiente y valioso legado. Bienvenidos a *Maestro de Sombras: La Construcción del Liderazgo Político.*

Héctor Gómez Hernández

Embajador de España ante la ONU en Nueva York. Político español. Ministro de Industria, Comercio y Turismo del Gobierno de España en 2023, presidente de la Comisión Constitucional del Congreso de los Diputados entre 2022 y 2023, portavoz del Grupo Socialista en el Congreso de los Diputados entre 2021 y 2022 y secretario de Relaciones Internacionales de la Comisión Ejecutiva Federal del PSOE entre 2017 y 2021.

LA TRILOGÍA *MAESTRO DE SOMBRAS*

¿Te has preguntado alguna vez qué se esconde detrás de las cortinas del poder en el misterioso mundo de la política? Yo me lo pregunté hace mucho tiempo y encontré algunas de las respuestas que voy a compartir a lo largo de este libro.

Por esa razón te invito a que me acompañes en este apasionante viaje hacia los entresijos de la toma de decisiones y el liderazgo, desvelándote los secretos mejor guardados que dan forma a los líderes de las naciones y sus pueblos y su impacto en las comunidades que llegan a gobernar. Sumérgete en este fascinante recorrido donde cada página revela una nueva perspectiva sobre el complejo arte del liderazgo político y las estrategias que definen el destino de nuestras sociedades.

Maestro de Sombras es una trilogía compuesta por tres obras que ofrecen una narrativa convincente sobre el liderazgo, la intensa lucha política y las campañas electorales que configuran los entornos políticos actuales.

Este título, *Maestro de Sombras,* lo escogí por varias razones: la sugerencia de intriga y enigma que evoca la palabra «sombras», reflejando el misterio y la complejidad inherentes a la política. En muchos aspectos, la política es un mundo donde las decisiones y acciones se llevan a cabo lejos de la mirada pública. Hay mucho más detrás del telón de lo que se ve a simple vista, créeme.

Por tal razón este título pretende generar una sensación de misterio que atraiga a lectores como tú hacia un reino político lleno de tramas y secretos.

A su vez, la selección del nombre de la obra quiso hacer referencia a la relación de los términos maestría y habilidad. La palabra «maestro» insinúa destreza y conocimiento. Al utilizar este término, se destaca la idea de que los protagonistas de la trilogía no son solo figuras políticas comunes, sino líderes excepcionales que dominan las complejidades del juego político con mucha soltura y preparados para cualquier circunstancia que se les pueda presentar en la contienda política.

Maestro de Sombras sugiere también que aquellos que nos dedicamos a la consultoría política desarrollamos estrategias y ayudamos en la toma de decisiones políticas de candidatos y figuras públicas, en la mayoría de los casos, desde la sombra y en la más oscura soledad. Este término abstracto puede abarcar diferentes aspectos de la política, refiriéndose a la construcción del liderazgo, donde las sombras representan los primeros pasos discretos para gobernar, así como al arte de la guerra política y a las estrategias encubiertas utilizadas en campañas electorales.

Pero ¿quiénes son en realidad los maestros y qué secretos guardan en la trastienda del poder? ¿Sabes quién está o ha estado en la sombra detrás de los líderes políticos?

Maestro de Sombras contiene la esencia de una trilogía que explora la política desde una perspectiva didáctica, destacando la habilidad y astucia de sus protagonistas y de aquellos que deseen dedicarse a la vida pública revelando los misterios ocultos en el juego político. Algunos de los textos son fruto de la investigación, experiencias propias y profesionales y publicaciones en medios de comunicación.

¡Prepárate para descubrir un mundo de posibilidades y transformaciones que te inspirarán a ser mejor en lo que haces, a liderar tu proyecto político!

Libro I: *La Construcción del Liderazgo Político*

En este libro se aborda y examina el concepto de liderazgo, junto con algunos ejemplos ilustrativos de figuras públicas relevantes en el ámbito político.

También se indaga en cómo se desarrolla un líder político, desde sus orígenes hasta las vivencias y obstáculos que enfrenta. Desde las alianzas confidenciales hasta la capacidad para gestionar crisis, los lectores podrán observar cómo personas carismáticas y visionarias superan los desafíos. Además, se presentan las 7 fases que contribuyen a la construcción del liderazgo en esta obra.

Libro II: *El Arte de la Guerra Política*

En las sombras de las guerras políticas, la trama se enreda, se pone en práctica, te golpea de repente. Este libro revela las estrategias secretas, las tácticas maestras y las batallas silenciosas que definen el juego político en nuestro día a día.

Desde la manipulación sutil hasta la diplomacia más astuta, los líderes se enfrentarán a desafíos que pondrán a prueba su ingenio y su capacidad para conquistar la confianza de la ciudadanía, sin desatar abiertamente la guerra política con sus adversarios, o sí. Elementos como el *neuromarketing* político y la inteligencia artificial se presentarán como aliados en la comunicación política del siglo XXI.

Libro III: *La Campaña Electoral Ganadora*

En el punto más alto y final de la trilogía, nos encontraremos inmersos en el frenesí de las campañas electorales. Este capítulo culminante explora la habilidad necesaria para movilizar a las masas, controlar las narrativas y conquistar los corazones y las mentes en la búsqueda del poder político.

La batalla final se libra en las urnas, donde la capacidad para ganarse la confianza del pueblo se convierte en el arma definitiva y donde la política se presenta como un juego complejo, una gran conversación social, una apasionante partida de ajedrez. ¿Quiénes se alzarán como los verdaderos maestros de las sombras, capaces de gobernar no solo con poder, sino también con sabiduría e inteligencia?

A partir de aquí, desvelemos los secretos más ocultos que se esconden tras las sombras del poder político.

INTRODUCCIÓN AL LIDERAZGO POLÍTICO

> *«No soy pobre, soy sobrio, liviano de equipaje,*
> *vivir con lo justo para que las cosas*
> *no me roben la libertad».*
>
> PEPE MUJICA

En estos tiempos políticos desafiantes y cambiantes, el liderazgo político aparece como un haz de luz hacia un futuro incierto. Este libro se propone explorar el núcleo mismo del liderazgo político, desentrañando sus aspectos fundamentales y su impacto en las decisiones que dan forma a nuestras sociedades. Nos hallamos en una era en la que los desafíos globales, desde crisis ambientales hasta pandemias y conflictos internacionales, se entrelazan con las complejidades geopolíticas, no solo a gran escala, sino en cualquier ámbito local. Ante este panorama, la importancia del liderazgo político se hace aún más evidente, siendo el motor que determina el rumbo de los países y ciudades, así como la calidad de vida de sus habitantes.

El propósito principal de este libro es analizar cómo los líderes políticos contemporáneos pueden enfrentar los retos actuales y dirigir con visión y resiliencia en medio de la incertidumbre. A través de un minucioso examen de casos históricos y ejemplos actuales, se busca ofrecer una perspectiva completa sobre el papel del liderazgo político en la configuración del destino de las comunidades. En el centro de este análisis radica la comprensión de que el liderazgo político va más allá de la simple administración de recursos y políticas.

Es una habilidad humana que combina la empatía con la visión estratégica, la toma de decisiones informadas y la capacidad de inspirar a otros. Liderazgo es sinónimo de autenticidad. En conjunto, estos elementos moldean a líderes capaces de abrirse camino en tiempos turbulentos y generar transformaciones significativas en la sociedad.

El liderazgo político implica dirigir e influir en un grupo de personas con el fin de alcanzar metas políticas específicas. Esta forma de liderazgo puede manifestarse en diversos niveles y contextos, desde líderes de partidos políticos hasta líderes de naciones enteras. Requiere habilidades para comunicarse de manera efectiva, negociar, construir alianzas estratégicas, tomar decisiones estratégicas y movilizar a las personas hacia un objetivo común.

Los líderes políticos tienen la responsabilidad de representar y proteger los intereses de sus seguidores y de la comunidad en general. El estilo de liderazgo político puede variar en gran medida según la cultura, la ideología y las circunstancias específicas de cada situación. Algunos líderes políticos son carismáticos y persuasivos, mientras que otros pueden ser más pragmáticos y centrados en la gestión. En cualquier caso, el liderazgo político implica encontrar un equilibrio entre la capacidad de inspirar a otros y la capacidad de tomar decisiones difíciles que, en muchos casos, pueden no ser populares y fácilmente aceptadas por la sociedad.

Si fuera fácil, lo haría cualquiera, ¿no crees?

Sin embargo, abordar el liderazgo político no es una tarea sencilla. La dinámica cambiante de la política actual demanda líderes y líderesas flexibles que se adapten en todo momento a lo que les viene, capaces de comprender y abordar la diversidad de desafíos que enfrentan. Desde la crisis de la representación hasta la creciente polarización, los líderes políticos se encuentran inmersos en un terreno fértil para la innovación y la reinvención de las estructuras gubernamentales tradicionales. Al explorar la esencia del liderazgo político, también se examina cómo la tecnología y las redes sociales han transformado la forma en que estos se comunican y conectan con sus audiencias. La era digital ha creado nuevas oportunidades, pero también ha planteado desafíos sin precedentes en términos de transparencia y manipulación de la información, tiempos de *fake news,* creando un paisaje político más complejo y, a su vez, más exigente.

En este emocionante contexto, al menos para mí, el libro busca ser una guía práctica para aquellos que desean comprender y ejercer un liderazgo político exitoso. A través de lecciones aprendidas de líderes visionarios del pasado y del presente, así como de análisis detallados de situaciones políticas críticas, se ofrecen herramientas y perspectivas valiosas para aquellos que buscan liderar con integridad y visión en el siglo XXI.

Maestro de Sombras: La Construcción del Liderazgo Político se presenta como una obra destinada a explorar, reflexionar e inspirar a aquellos que desean desempeñar un papel activo en la construcción de un futuro político más justo y sostenible en su país, ciudad o municipio. En un mundo tan frágil y difícil, el liderazgo político se alza, con permiso de las emociones, como la brújula que puede orientarnos hacia un mañana más prometedor.

LIDERAZGO POLÍTICO: CONCEPTO Y ENFOQUES EN EL SIGLO XXI

«La mayor gloria no es no caer nunca,
sino levantarse siempre»

NELSON MANDELA

En el ámbito público, el liderazgo político es una fuerza con mucho poder de influencia en el rumbo de las naciones y define la calidad de la convivencia social. En el siglo XXI, marcado por una complejidad sin precedentes y desafíos globales, el entendimiento y la práctica del liderazgo político se vuelven cruciales para la construcción de sociedades resilientes y sostenibles.

Este texto explora en profundidad el concepto de liderazgo político y examina diversos puntos de vista que han surgido en la arena política de nuestros días.

Definición de liderazgo político

Aunque hay muchas definiciones sobre el liderazgo en la política, podemos entenderlo como el proceso mediante el cual una persona, ya sea elegida o designada, asume la responsabilidad de guiar y dirigir un proyecto político o a una comunidad o nación. Más allá de la gestión eficiente de recursos y la implementación de políticas, el líder político debe ser capaz de articular una visión inspiradora, tomar decisiones informadas y movilizar a la sociedad, equipo o partido político hacia metas comunes. En esencia, el liderazgo político implica la capacidad de influir en el pensamiento y comportamiento de otros para lograr objetivos colectivos.

Enfoques tradicionales

A lo largo de la historia, el liderazgo político ha sido interpretado a través de diversos encuadres, algunos de los cuales han perdurado en el curso del tiempo. El enfoque carismático, popularizado por el alemán Max Weber, destaca la personalidad persuasiva del líder y su capacidad para inspirar a seguidores mediante su magnetismo personal.

Entonces ¿el liderazgo se tiene o se puede crear?

Esta perspectiva tradicional ha dado origen a líderes políticos carismáticos como Mahatma Gandhi y Nelson Mandela, cuya influencia trasciende sus contextos históricos. Otra dirección tradicional es el liderazgo transaccional, basado en el intercambio de recompensas y castigos. En este modelo, el líder establece acuerdos claros con seguidores, recompensando el cumplimiento de objetivos y sancionando el incumplimiento. Aunque eficaz en ciertos contextos, esta manera tiende a ser transaccional y limitada en su capacidad para abordar desafíos más amplios y complejos. Es un liderazgo pensado mucho más para resultados a corto plazo.

Modelos contemporáneos

Hoy en día han surgido estilos más contemporáneos que buscan adaptarse a la complejidad y rapidez de los cambios globales. El liderazgo transformacional, propuesto por el historiador norteamericano James MacGregor Burns, destaca la capacidad del líder para inspirar y motivar a través de una visión compartida. Los líderes transformacionales buscan elevar la moral y la motivación de sus seguidores, generando un impacto a largo plazo en la organización o sociedad que lideran. Asimismo, el liderazgo adaptativo, desarrollado por Ron Heifetz y Marty Linsky, reconoce la necesidad de líderes capaces de enfrentar desafíos complejos y adaptarse a situaciones en constante cambio. Este modelo implica la capacidad de diagnosticar problemas, movilizar a la comunidad para enfrentarlos y aprender de la experiencia. En el terreno político donde la incertidumbre y la ambigüedad son la norma, el liderazgo adaptativo toma protagonismo como una respuesta eficaz.

Liderazgo político en la era digital

La revolución digital ha cambiado la forma en que los líderes políticos se comunican y conectan con su audiencia. Ahora, gracias a la accesibilidad a la información instantánea y las redes sociales, la participación ciudadana se ha democratizado. Ahora los agentes que participan socialmente son muchos más.

También se han presentado desafíos como la desinformación y la polarización. Desafíos de los que apenas se conoce la manera óptima de hacerles frente.

Los líderes ya no solo hablan, también deben escuchar y responder a quienes participan en los espacios digitales. El liderazgo en la era digital requiere habilidades de comunicación efectivas y una comprensión ética del uso de la tecnología. Los líderes deben navegar por un entorno mediático complejo y construir puentes en un mundo cada vez más interconectado. En el siglo XXI, el liderazgo político enfrenta desafíos como la falta de confianza en la política y sus representantes, así como la gestión de crisis globales como pandemias y crisis climáticas. La polarización política y la desigualdad también dificultan el ejercicio operativo del liderazgo. Sin embargo, estos desafíos también presentan oportunidades para la innovación y la reinvención del liderazgo político. Es urgente contar con líderes que puedan unir visiones divergentes y movilizar a las comunidades hacia objetivos compartidos.

El liderazgo político en el siglo XXI es complejo y requiere adaptabilidad. Los formatos tradicionales han dado paso a modelos más contemporáneos y adaptables, y la era digital ha transformado la forma en que se ejerce y se percibe el liderazgo político.

¿Estamos en una situación mejor que el siglo pasado para ejercer el liderazgo en la política? Depende.

El desafío para los líderes políticos modernos está en combinar una visión inspiradora con la capacidad de conectar con las audiencias en un entorno mediático complejo y abordar problemas globales con soluciones locales. En última instancia, el liderazgo político tangible trasciende las ideologías y los partidos, centrándose en el bienestar colectivo y la construcción de un futuro más justo y prometedor para todos.

Como decía un buen amigo mío, Daniel Eskibel, psicólogo y consultor político, «la política ya no es un debate de ideas, es una selección de personal».

LA IMPORTANCIA DEL LIDERAZGO EN LA SOCIEDAD ACTUAL

*«La clave para el liderazgo exitoso es la influencia,
no la autoridad»*

KENNETH BLANCHARD

El liderazgo político se destaca como una fuerza vital que tiene un impacto directo en el rumbo y el bienestar de nuestras naciones. El futuro de poblaciones enteras está en mano de unas pocas personas al frente de gobiernos que, tarde o temprano, cambiarán sus dirigentes. En el siglo XXI, caracterizado por cambios rápidos, desafíos globales y una interconexión sin precedentes, la relevancia del liderazgo político se eleva a niveles de exigencia nunca antes vista. Por lo tanto, exploremos la importancia fundamental del liderazgo político en nuestra sociedad actual, analizando cómo los líderes políticos pueden desempeñar un papel central en la respuesta a desafíos presentes y en la construcción de un futuro que nos afecta a todos.

En su nivel más básico, el liderazgo político es esencial para establecer la dirección y los objetivos de una nación. Los buenos líderes políticos, ya sea a nivel local, nacional o internacional, actúan como arquitectos sociales, definiendo la visión colectiva y diseñando políticas que impactan en la calidad de vida de los ciudadanos. La capacidad de trazar un curso claro resulta fundamental para abordar los desafíos de nuestra sociedad actual, desde crisis económicas hasta problemas medioambientales y de salud pública.

En un mundo interconectado, el liderazgo político se convierte en la brújula que guía a nuestras naciones a través de la complejidad de la globalización. Los líderes deben ser capaces de articular una visión que trascienda las fronteras, abordando problemas que afectan a la humanidad en su conjunto. La cooperación internacional, la gestión de conflictos y la promoción de valores compartidos son aspectos de primer orden que recaen en los hombros de los líderes políticos en la época que vivimos.

Es en este momento cuando la comunidad mundial se enfrenta y ha enfrentado a desafíos globales de magnitud sin precedentes. Desde el cambio climático hasta la pandemia, desde la guerra de Ucrania y Rusia hasta los últimos episodios del conflicto de Israel y Gaza.

Estos problemas requieren respuestas coordinadas y un liderazgo político capaz de remover conciencias. Los gobernantes deben ser capaces de movilizar recursos, coordinar esfuerzos internacionales y tomar decisiones audaces para enfrentar estos desafíos de manera contundente.

Decisiones y liderazgo

En el caso del cambio climático, por ejemplo, los líderes políticos desempeñan una labor esencial al establecer políticas que promuevan la sostenibilidad, reduzcan las emisiones de gases de efecto invernadero y promuevan la transición hacia fuentes de energía más limpias. La capacidad de los líderes para comprender la ciencia detrás de estos problemas y comunicar de manera efectiva la urgencia de la acción es esencial para catalizar cambios significativos.

En situaciones de crisis, como la pandemia de COVID-19, el liderazgo político se convirtió en un salvavidas para la sociedad. La toma de decisiones rápida y basada en la evidencia, la movilización de recursos para la atención médica y la implementación de medidas para proteger a la población fueron elementos esenciales de un liderazgo político eficaz en tiempos de crisis. Las sociedades actuales son cada vez más diversas en términos de opiniones, identidades y valores. En este contexto, el liderazgo político adquiere una dimensión adicional: la capacidad de fomentar la unidad y la cohesión social. Los líderes deben ser capaces de tender puentes entre diferentes sectores de la sociedad, escuchar perspectivas diversas y trabajar hacia un bien común que refleje la pluralidad de la sociedad. Soy consciente de que puede parecer una utopía y de que no es tarea fácil contentar a toda la ciudadanía. Por eso, el liderazgo político entiende más de valentía que de equilibrio.

La polarización política y social es uno de los desafíos más acuciantes en la sociedad actual. Nunca antes se había mencionado tanto la palabra «polarización» como hasta ahora. Los líderes políticos deben ser conscientes de esta realidad y trabajar con intensidad para superar divisiones, promover el diálogo y construir consensos. La inclusividad y la representación equitativa se convierten en principios rectores, ya que un liderazgo político que refleje la diversidad de la sociedad tiene más probabilidades de generar políticas que beneficien a todos. La confianza en las instituciones y en los líderes políticos resulta esencial para el buen funcionamiento de cualquier sociedad. En un mundo donde la información fluye a velocidades de vértigo y la desinformación puede proliferar, la transparencia y la responsabilidad son imperativos para mantener la confianza del público en el liderazgo político.

Los líderes políticos deben ser transparentes en sus acciones, comunicar de manera entendible sus intenciones y rendir cuentas por sus decisiones. Es fundamental contar con mecanismos de supervisión y equilibrio de poderes para evitar caer en la autocracia o la corrupción. La integridad ética en la toma de decisiones y la gestión de recursos son pilares fundamentales para construir y mantener la confianza de una sociedad que cambia muy rápido.

Se requiere liderazgo adaptable y capaz de anticipar y abordar los cambios antes incluso de que se produzcan. Desde avances tecnológicos hasta transformaciones económicas, los líderes políticos deben ser ágiles para comprender y gestionar las complejidades de un mundo en constante evolución.

Por ejemplo, la revolución digital ha cambiado la forma en que los líderes políticos se comunican y cómo los ciudadanos participan en la política. Es esencial que los líderes comprendan y aprovechen estas nuevas herramientas tecnológicas para mantenerse conectados con la sociedad y responder a sus necesidades de manera efectiva. En este mundo tan interconectado y en constante cambio, los líderes políticos deben ser visionarios, adaptativos y éticos. Su capacidad para inspirar confianza, movilizar recursos y promover políticas que aborden las necesidades de la sociedad es esencial para construir un futuro sostenible y todo lo justo que pueda ser.

En última instancia, el liderazgo en la política es el catalizador que impulsa el progreso y la resiliencia en el complejo paisaje de la sociedad contemporánea.

EL FENÓMENO NAYIB BUKELE

Pero el liderazgo en política también puede presentar facetas de agitación y cierto aire de revolución, como es el caso de Nayib Bukele, quien asumió la presidencia de El Salvador en 2019. Nayib Bukele es un político salvadoreño conocido por su estilo disruptivo y su presencia activa en redes sociales. Este joven político se ha destacado en la política de su país. Su presidencia ha estado marcada por medidas audaces y estrategias innovadoras, así como por una comunicación directa con la ciudadanía a través de plataformas digitales.

En las elecciones presidenciales de 2024, Bukele logró un aplastante triunfo con más de 1.600.000 votos en El Salvador, consolidando así su poder total.

«El Salvador ha roto todos los récords de todas las democracias en toda la historia del mundo», aseguró Bukele tras conocerse apenas los primeros resultados en la noche electoral. Sería la primera vez que en un país existe un partido único en un sistema enteramente democrático.

El fenómeno Bukele ha surgido como una fuerza disruptiva que desafía las convenciones establecidas y redefine el curso del país centroamericano. El presidente salvadoreño ha liderado una serie de iniciativas políticas que están dejando una impronta en la historia más reciente de la nación. Algunos de sus logros políticos más destacados van en la línea con el compromiso con los sectores más vulnerables de la sociedad salvadoreña. A través de innovadores programas de ayuda social, como el Bono de Salud, Bukele ha brindado asistencia financiera a familias de escasos recursos para cubrir gastos médicos, mejorando así el acceso a la atención médica y contribuyendo a aliviar la carga económica de los ciudadanos más necesitados.

Además de centrarse en el bienestar social, la actuación más destacada o, al menos, con más recorrido mediático ha sido su ofensiva contra la violencia y criminalidad que ha plagado a El Salvador durante décadas. Su plan integral de seguridad, que combina estrategias de prevención, represión y rehabilitación, ha demostrado ser un paso contrastado en la lucha contra el crimen organizado y el narcotráfico, y ha brindado un sentido de seguridad y estabilidad a la población.

En enero de 2023, el país salvadoreño consiguió una tasa anualizada por debajo de 2 homicidios por cada 100.000 habitantes, la tasa de homicidios más baja de todo el continente americano. Bukele lanzó un régimen de excepción que ha logrado una histórica reducción en los homicidios. El Gobierno ha capturado a más de 60.000 pandilleros y ha puesto cerco a sus liderazgos urbanos en menos de un año.

Pero si algo ha llamado la atención en las noticias y en las redes sociales ha sido la inauguración y funcionamiento de la nueva cárcel de máxima seguridad en El Salvador. Un paso importante en la estrategia del Gobierno para abordar la crisis carcelaria y mejorar la seguridad pública en el país. Esta prisión se ubicó a las afueras de San Salvador y fue diseñada con tecnología avanzada y medidas de seguridad, para albergar a los reclusos más peligrosos y garantizar un ambiente seguro tanto para los internos como para el personal penitenciario. Con un tamaño similar al de ocho estadios de fútbol, en la actualidad es el centro penitenciario más grande de toda América, con una capacidad de 60.000 reclusos.

Sin embargo, la construcción de esta megacárcel no está exenta de críticas y de controversia. Algunos oponentes argumentan que la inversión en infraestructura carcelaria no aborda las causas fundamentales de la delincuencia y la violencia en El Salvador, y que se debería priorizar la prevención del crimen y la promoción de alternativas más humanas y efectivas a la prisión, como la rehabilitación y la reinserción social. Su efectividad a largo plazo y su impacto en la situación de los derechos humanos en El Salvador siguen siendo temas de debate y escrutinio por parte de la sociedad civil y la comunidad internacional. Esto no ha hecho más que empezar.

En el ámbito de las relaciones internacionales, la presidencia de Bukele ha sido marcada por un discurso directo en la promoción de los intereses de su país en el escenario global. A través de una diplomacia directa y muy entendible, Bukele ha fortalecido las relaciones con países clave, como Estados Unidos, y ha asegurado el apoyo económico y político necesario para impulsar el desarrollo nacional y mejorar las condiciones de vida del pueblo salvadoreño. A estos logros hay que sumar las importantes iniciativas en la lucha contra la corrupción y la promoción de la transparencia y la rendición de cuentas en el Gobierno. Su compromiso con la ética y la integridad en el servicio público se ha traducido en la destitución de funcionarios corruptos y en la implementación de reformas institucionales destinadas a fortalecer las instituciones democráticas y garantizar la confianza de la ciudadanía en el Estado.

Otro aspecto destacado de la presidencia de Bukele ha sido su compromiso con la protección del medio ambiente y la promoción de políticas sostenibles. A través de la implementación de medidas para combatir el cambio climático, como la prohibición del uso de plásticos de un solo uso y la promoción de energías renovables, Bukele ha demostrado su compromiso con la preservación del entorno natural de El Salvador y la mitigación de los impactos negativos del calentamiento global. En el frente económico, el presidente salvadoreño ha liderado esfuerzos para fomentar el crecimiento económico y la generación de empleo en El Salvador mediante la implementación de políticas que promueven la inversión privada y el desarrollo de sectores clave como el turismo y la infraestructura. Sus iniciativas han contribuido a impulsar la economía del país y a mejorar las oportunidades de empleo y desarrollo para sus habitantes.

Estamos ante un caso de liderazgo político de reciente estudio. El tiempo nos irá arrojando datos y detalles de su evolución. La presidencia de Nayib Bukele está siendo marcada por una serie de logros políticos muy evidentes y en muy poco tiempo que han transformado el paisaje político y social de El Salvador. Su estilo, cuando menos innovador, pragmático y proactivo, ha permitido abordar algunos de los desafíos más apremiantes del país y ha sentado las bases para un futuro más próspero y seguro para todos los salvadoreños. Al menos es lo que está demostrando en estas primeras etapas de su gobierno.

Es crucial recordar que la percepción sobre su liderazgo puede variar bastante, ya que algunas personas elogian sus acciones, mientras que otras expresan preocupaciones sobre la concentración de poder, sobre todo los medios de comunicación internacionales. Bukele ha implementado medidas para abordar temas clave en El Salvador. Eso es indudable a estas alturas, especialmente el de la seguridad ciudadana. Su estilo de liderazgo, caracterizado por la toma de decisiones rápidas y su presencia activa en redes sociales como X (antes Twitter), Instagram o TikTok, ha generado tanto seguidores como detractores. Es fundamental evaluar su liderazgo a medio y largo plazo.

El impacto de su gestión y su liderazgo en el desarrollo a medio y largo plazo de El Salvador es un tema que seguirá siendo objeto de análisis y debate. Esto no ha hecho más que empezar y las urnas han hablado.

EL LIDERAZGO FEMENINO EN LA POLÍTICA

> *«Serás todo lo guapa que quieras, pero dime…*
> *si el mundo fuera ciego, ¿a cuánta gente impresionarías?»*
>
> MICHELLE OBAMA

¿Es el liderazgo femenino en la política una realidad?

En los últimos años, las mujeres han ejercido su derecho a estar presentes en la primera línea de múltiples gobiernos y con responsabilidad total en aquellas decisiones que involucran dirigir el rumbo de sus países, comunidades o pueblos.

Cada 8 de marzo se celebra el Día Internacional de la Mujer, una fecha muy señalada para el liderazgo femenino en la política actual y por todo lo que conlleva la igualdad de género. Lograr la equidad en el capítulo de género es uno de los desafíos más importantes en el contexto político y social. Para ello, la participación de las mujeres en puestos de representación y al frente de organismos públicos o privados es de vital importancia. Mujeres líderes que han conquistado sin titubeos cargos en los poderes de cualquier Estado, algunos de estos cambios propiciados desde la misma política a través de leyes, reglas y otros condicionantes para asegurar la igualdad y compensación de hombres y mujeres en cualquier equipo político. En el ámbito municipal cada vez son más las mujeres que ofrecen su aportación como alcaldesas, portavoces, concejalas, que más allá del nombre o cargo público, lo que viene a demostrar es el impulso, la fuerza y las ganas por seguir teniendo presencia y protagonismo en un lugar que hace tan solo unas décadas era un territorio casi exclusivo de varones. Aun así, es aquí, en el terreno político, donde la participación de la mujer sigue teniendo un índice menor de participación, siendo este un altavoz primordial para seguir en el camino de la igualdad en la sociedad moderna, en la balanza entre políticos y políticas.

Y es que estamos ante una demostración más de que la cultura de la discriminación para asumir cargos, gobernantas y candidaturas políticas por parte de la mujer sigue presente en la sociedad del siglo XXI. ¿Menos que antes? Sí, pero todavía sin alcanzar el equilibrio pleno de igualdad y representación pública. El liderazgo político no entiende de sexos; entiende de fortaleza, confianza y cercanía; entiende de compromiso y empatía, de autoridad y progreso; entiende de gente que resuelva los problemas de nuestro día a día.

Ursula von der Leyen es un buen ejemplo de cómo se han dado grandes pasos en la política. Cuando la presidenta de la Comisión Europea elaboró su equipo de gobierno, tuvo presente crear una estructura equilibrada de hombres y mujeres, una organización formada por 14 hombres y 13 mujeres, incluida ella. Ursula es la primera mujer que ostenta este cargo, todo un ejemplo de sociedades avanzadas y que no es nada habitual. La política sigue ofreciendo una fotografía muy masculina, es un lugar común y global con escasa presencia femenina en los puestos de liderazgo, pero, a pesar de las dificultades, la mujer política es cada vez más visible.

Según estudios de la organización ONU MUJERES, en solo 22 países hay jefas de Gobierno y Estado, y más de 100 países nunca han sido presididos por una mujer. A este ritmo, la igualdad de género al frente de gobiernos o instituciones con capacidad de decisión no llegará a lograrse hasta dentro de 130 años. Hay una brecha de género en el poder, una brecha muy palpable en la primera línea de las cúpulas políticas donde hay capacidad de decisión. Tan solo el 21 % de quienes llegaron a ocupar en algún momento ministerios fueron mujeres. En estas instituciones de gobierno, en tan solo 14 países, los gabinetes de los respectivos gobiernos alcanzaron el 50 % de una representación femenina al frente de estos.

En política local, solo el 36 % de los cargos públicos están ocupados por mujeres. Al liderazgo femenino le quedan algunas batallas por ganar, cuestión de tiempo, presencia y oportunidades.

Solo hay que mirar las carteras ministeriales o direcciones generales más ocupadas por políticas: igualdad de género o medio ambiente; asuntos de la mujer, juventud y familia; recursos naturales y energía: empleo, trabajo y formación; mayores, discapacidad y asuntos sociales.

Me gustaría destacar y hacer una mención especial a Finlandia, el país donde Sanna Marin se convirtió en la primera ministra más joven del mundo y donde 11 de los 18 ministerios están dirigidos por mujeres. ¡Todo un logro político!

Todas estas cifras son abrumadoras, aunque marcan un descenso con respecto a los recabados hace un lustro por la misma organización, aunque países como Arabia Saudita, Tailandia, Vietnam y muchos países africanos hacen que la media de presencia femenina en los gobiernos cueste aumentar los porcentajes. Queda mucho trabajo por hacer en vías de lograr una igualdad política en las altas esferas de los partidos, gobiernos y estados democráticos. La batalla en pro de seguir poniendo en valor el liderazgo femenino en política es una cuestión de necesidad y realidad social.

No creo que sea cuestión del 8M o de un solo día para ensalzar y recordar la igualdad de género, sino de una lucha constante y permanente hasta lograr tener las mismas oportunidades para estar al frente de gobiernos y cargos de verdadera representación y toma de decisiones.

Aquí lo que cuenta es la valía humana y personal, la valía en la aportación de soluciones a la ciudadanía. En definitiva, que se pueda optar y escoger a una persona por sus hechos, no por su sexo.

En España nunca ha habido una mujer que haya ostentado el cargo de presidenta del Gobierno.

Lo mismo ha ocurrido en Francia. A cambio, en Gran Bretaña, quién no recuerda a la llamada Dama de Hierro, Margaret Thatcher. En Alemania, la líder democristiana Ángela Merkel fue la canciller alemana con varios mandatos consecutivos. Más recientemente en Italia Giorgia Meloni ha sido la primera mujer en presidir el consejo de ministros de la historia de la República.

Hace unos años, la serie de televisión BORGEN volvió a la actualidad televisiva en el mundo político, una serie de culto en la política y que ya había sido emitida hacía unos años con menos incidencia y éxito televisivo.

He podido ver sus tres temporadas, en las que Birgitte Nyborg, la dirigente del partido Moderado de Dinamarca, llega al poder asumiendo la jefatura de Gobierno. ¡Muy recomendable!

Lideresas políticas en España

En España contamos con grandes políticas en muchas de las organizaciones políticas y en diferentes contextos electorales, como puedan ser el gobierno nacional, de una comunidad autónoma o provincia, incluso, en el último municipio del país.

Inés Arrimadas, quien fuera ganadora de las elecciones en Cataluña. Una oradora brillante y gran parlamentaria del partido político Ciudadanos. Ninguna mujer hasta la fecha había ganado las elecciones en esa comunidad, convirtiéndose en un icono del constitucionalismo.

En Irene Montero encontrábamos una mujer que controla y domina con mucha soltura los medios de comunicación. Joven, excelente oradora también y que, aunque lleve pocos años en la proa política, ha dejado clara su capacidad de liderazgo y trabajo con un mensaje directo y fácil de entender. Si bien su partido político ha perdido fuerza en los últimos años frente a la corriente de las siglas Sumar, no hay más que recordar su posición fuerte en la arena pública, cuando Pablo Iglesias, hace ya algún tiempo, estuvo de baja por paternidad. Desde hace muy poco, bajo el paraguas de las marcas políticas Sumar, Podemos y Más Madrid, tenemos a recientes apuestas en el circuito político como Yolanda Díaz y Mónica García, respectivamente.

En el Partido Popular, Isabel Díaz Ayuso, la presidenta de la Comunidad de Madrid, ha sabido posicionar su marca personal como oposición al gobierno nacional del Partido Socialista. Fruto de ello ha sido el resultado de las últimas elecciones a la Comunidad. Un liderazgo femenino desde la espontaneidad en muchas ocasiones, pero que sabe controlar el mundo del periodismo como nadie y que tiene en la naturalidad a una de sus grandes aliadas en una comunicación de gobierno y confrontación que la lleva a diario a la actualidad política.

De manera más reciente aparecía Rocío Monasterio, actual presidenta de VOX en Madrid, con un liderazgo político contundente y muy fiel a las políticas sociales de VOX. También Macarena Olona, de la que muchos hablaban como la «amenaza» al liderazgo de Santiago Abascal. La que fuera secretaria general del grupo parlamentario de VOX en el Congreso de los Diputados es, además, abogada del Estado.

El PSOE siempre ha sido cuna de grandes figuras políticas, muchas de ellas con un marcado liderazgo femenino. Hasta hace muy poco hemos tenido a Carmen Calvo, vicepresidenta primera y ministra de la Presidencia del Gobierno de España, una mujer con un mensaje tranquilo y una amplia experiencia política, que llegó a ser ministra de Cultura con Rodríguez Zapatero.

El Partido Socialista tiene y ha tenido otras muchas mujeres encabezando instituciones públicas o proyectos socialistas como Margarita Robles, Meritxell Batet, Carme Chacón, María Jesús Montero o Susana Díaz. A nivel internacional, los casos de éxito como Alexandria Ocasio-Cortez, Kamala Harris, Hillary Clinton o Michelle Obama son también ejemplos de cómo la mujer sigue abriendo puertas no solo en la política estadounidense, sino que traspasa fronteras de recorrido mundial.

CARACTERÍSTICAS DE UN LÍDER POLÍTICO

«90 por ciento del liderazgo es la capacidad
de comunicar algo que la gente quiere»

Dianne Feinstein

Las decisiones acertadas o equivocadas de un líder pueden marcar la diferencia entre el progreso y el estancamiento de un país o ciudad. Existen cualidades intrínsecas que distinguen a un líder de uno que no lo es, y comprender estas características resulta esencial para evaluar y guiar el desempeño de quienes ocupan roles de liderazgo en la esfera pública. A continuación, se exploran algunas de las características clave que definen a un líder político real.

Visionario y estratega

Un líder político se distingue por su capacidad para imaginar un futuro mejor y trazar un camino claro hacia él. Ser visionario implica no solo entender cómo está la sociedad en el presente, sino también poder imaginar y comunicar un destino deseado. La visión debe ser realista, alcanzable y atractiva para inspirar a la gente.

La tangibilidad debe ser un atributo importante en la construcción del liderazgo en política.

Además, el líder político debe demostrar habilidades estratégicas para llevar a cabo acciones concretas que hagan realidad esa visión, llevando a la sociedad hacia metas específicas, sostenibles y alcanzables. Ser realista, sí, pero también tener la capacidad de imaginar un futuro mejor para la comunidad.

En este sentido, el líder político debe ser capaz de comunicar su visión de manera efectiva, inspirando a otros a unirse a su causa y trabajar hacia un objetivo común. Esto implica no solo convencer a aquellos que ya están de acuerdo, sino también ganar el apoyo de aquellos que puedan tener dudas o estén indecisos. La capacidad de generar confianza y transmitir un sentido de propósito es fundamental para movilizar a la sociedad hacia un futuro más prometedor. Al mismo tiempo debe ser adaptable y receptivo a los cambios en el entorno político, social y económico. Esto implica estar dispuesto a revisar y ajustar la visión y las estrategias según sea necesario para enfrentar nuevos desafíos y aprovechar oportunidades que puedan surgir. La rigidez puede ser contraproducente en un mundo en constante cambio, por lo que la capacidad de adaptación es esencial para mantener la relevancia y la efectividad como líder. Otro aspecto clave es la capacidad de construir y mantener relaciones sólidas con otros actores políticos, tanto a nivel nacional como internacional. La colaboración y el diálogo son fundamentales para alcanzar objetivos políticos y resolver conflictos de manera pacífica y constructiva. Un dirigente hábil sabe cómo negociar y comprometerse sin poner en riesgo los valores fundamentales de su visión. Un líder político de éxito es aquel que puede inspirar a otros con una visión clara y atractiva del futuro, al mismo tiempo que demuestra habilidades para la comunicación y la capacidad para adaptarse a los cambios. Es un equilibrio delicado entre ser visionario y flexible en las formas, entre liderar y colaborar, pero es este equilibrio el que marca la diferencia entre un líder político común y uno excepcional.

Comunicador habilidoso

La habilidad de comunicarse de manera efectiva es un pilar fundamental para cualquier líder político.

La capacidad de transmitir mensajes claros y persuasivos es esencial para ganar el apoyo del público y movilizar a la sociedad hacia objetivos comunes. El liderazgo político debe ser capaz de adaptar su mensaje a diversas audiencias, utilizando un lenguaje accesible y conectando con la realidad de la ciudadanía. Las habilidades de oratoria, la gestión de crisis comunicativas y la utilización eficiente de las redes sociales son componentes clave de esta característica. Eres lo que comunicas y un líder está expuesto las veinticuatro horas del día a lo que está publicado en los medios de comunicación.

Capacidad de negociación y conciliación

La política, por su propia naturaleza, implica la gestión de intereses divergentes y la toma de decisiones en un entorno de competencia. Hoy en día vemos como negociar es un acto más de alejar que de acercar. Estamos enredados en aquello que nos separa y no en aquello que nos une. Un líder debe ser hábil en la negociación y la conciliación, buscando soluciones que logren un equilibrio entre las diferentes perspectivas y necesidades de la sociedad.

Cuando el electorado vota, busca consensos y no diferencias. La capacidad para construir puentes entre fuerzas opuestas y lograr consensos es esencial para la estabilidad y el avance de cualquier proyecto político.

Empatía y conexión emocional

La empatía es una característica muy valiosa para quienes aspiren a gobernar una comunidad. Cuando un líder es capaz de comprender y compartir las preocupaciones y aspiraciones de la población, se crea una conexión emocional que fortalece la legitimidad del líder y su habilidad para liderar.

En el mundo de la política, los votantes están en busca de un alguien que sea capaz de entender y preocuparse de manera creíble por sus problemas y necesidades. La empatía es una cualidad que permite a los líderes políticos ponerse en el lugar de los demás, tanto a nivel individual como colectivo, y comprender las realidades sociales y económicas que afectan a la vida de las personas.

La empatía no consiste solo en reconocer las dificultades que enfrenta la población, sino también en mostrar compasión y actuar con sensibilidad hacia las diferentes realidades sociales. Un líder político empático es capaz de escuchar de manera activa, validar las experiencias de las personas y trabajar en busca de soluciones que aborden los problemas de manera efectiva.

Mostrando empatía se demuestra su capacidad de comprender y conectarse emocionalmente con los ciudadanos. Esto crea un ambiente favorable para el diálogo y la participación ciudadana, ya que los ciudadanos se sienten escuchados y comprendidos. La empatía también fomenta la confianza y la cercanía entre el líder y los ciudadanos, lo que fortalece el vínculo emocional y aumenta la legitimidad del líder. Además, la empatía permite a este influir de manera más efectiva en el proceso político, ya que puede comprender mejor las necesidades y preocupaciones de los ciudadanos y tomar decisiones más acertadas. Por otro lado, la empatía nos permite comprender y conectar con las necesidades particulares de diferentes grupos de personas en la sociedad. Un líder político empático es consciente de las desigualdades existentes y se compromete a luchar por la justicia social, trabajando para asegurar que todos los miembros de la comunidad tengan las mismas oportunidades y acceso a los recursos necesarios para alcanzar el éxito. La empatía es una cualidad que nos permite conectar con los demás y entender sus sentimientos y perspectivas. En el contexto sociopolítico, la empatía puede desempeñar un cometido clave para superar las divisiones y conflictos. Cuando un líder político practica la escucha empática, puede comprender las diferentes perspectivas y buscar puntos en común para fomentar el diálogo y la reconciliación. Es a través de la empatía que podemos construir puentes y encontrar soluciones que beneficien a toda la sociedad.

La empatía no es solo una cualidad personal, es la capacidad que tiene el ser humano de entender y compartir los sentimientos, pensamientos y puntos de vista de otras personas. Implica ponerse en su lugar, es decir, imaginar cómo se sienten y ver las situaciones desde su perspectiva para tomar la mejor decisión. Esto nos permite conectar emocionalmente con otras personas y mostrar comprensión y apoyo hacia ellas. En el día a día, la empatía facilita y refuerza la comunicación, fortalece las relaciones interpersonales y promueve la cooperación y el entendimiento mutuo. Un líder que quiera conectar con su electorado y quiera ser empático tiene que tener muy presente la necesidad de establecer una conexión emocional con los ciudadanos. ¡Bienvenidos a la comunicación de las neuronas!

Integridad y ética

La integridad y la ética son los pilares fundamentales de un liderazgo político eficiente. Un líder debe demostrar sin titubeos honestidad, transparencia y coherencia en su actuar, lo que contribuye a ganarse la confianza del público.

La toma de decisiones ética, el respeto por las instituciones democráticas y la asunción de responsabilidad por las acciones propias y de su administración son elementos esenciales para establecer un liderazgo político sólido y digno de confianza, especialmente a largo plazo. Estas cualidades no solo definen el liderazgo, sino que también sirven como cimientos para el éxito y la prosperidad de cualquier proyecto político. La capacidad de un líder para ser visionario, comunicarse, negociar con eficacia, mostrar empatía y actuar con integridad no solo moldea su huella personal, sino también el rumbo y el destino de la sociedad que lidera. Dicen que la marca personal es aquello que dicen de nosotros cuando no estamos presentes; en un político o una política, lo mismo.

En un entorno tan cambiante como el actual, comprender y cultivar todas estas cualidades es esencial para forjar altas cotas de liderazgo que puedan abordar con sabiduría y eficacia los desafíos a los que se enfrentan los gobiernos. Y es aquí cuando llega la pregunta que tantas veces nos hacemos: ¿el líder nace o se hace? Creo en la combinación de las dos casuísticas, aunque…

DESARROLLO DE HABILIDADES DE LIDERAZGO POLÍTICO

«La soledad del poder consiste en saber que este es siempre el último teléfono que suena. Y que yo tengo que decidir. No puedo trasladar la decisión a una instancia superior»

FELIPE GONZÁLEZ

En el ecosistema político, ya hemos visto como el liderazgo es un componente fundamental para el progreso y la estabilidad de las sociedades. Sin embargo, ser un guía político exitoso va más allá del simple hecho de ocupar una posición de autoridad; implica desarrollar y dominar una serie de habilidades clave que le permiten enfrentar los desafíos y aprovechar las oportunidades que se le presentan. En este contexto, el autoconocimiento y el autodesarrollo surgen como aspectos clave, ya que proporcionan una base sólida sobre la cual se construyen el resto de las habilidades. El autoconocimiento y el autodesarrollo permiten a los líderes políticos comprender sus propias fortalezas, debilidades, valores y motivaciones. Este conocimiento interno les brinda una guía invaluable para tomar decisiones coherentes y auténticas, así como para adaptarse de manera efectiva a los cambios en su entorno político. En los años de experiencia profesional en el mundo de la consultoría política, pocas son las personas con las que me he cruzado y que dirigen proyectos políticos, que hayan dedicado mucho tiempo al autoconocimiento y a la autocrítica. Supongo que no es tarea fácil, pero lo cierto es que cuesta mucho pararse a reflexionar sobre el quién soy, qué aporto a mi comunidad y por qué me votan o no en las elecciones, o si de manera sincera creen en mi proyecto político. Junto con el autoconocimiento, las habilidades de comunicación juegan una tarea determinante en la capacidad de un líder para inspirar, persuadir y movilizar a otros hacia una visión compartida. La comunicación efectiva permite a los líderes políticos expresar claramente sus ideas, conectarse con diferentes audiencias y construir relaciones sólidas tanto con sus seguidores como con sus opositores. La capacidad de expresarse con claridad y persuasión es fundamental para obtener apoyo para las políticas propuestas y para gestionar de manera efectiva las expectativas del público. Por otro lado, la toma de decisiones estratégicas permite a los líderes políticos evaluar opciones, anticipar consecuencias y elegir el curso de acción más beneficioso para avanzar hacia sus objetivos políticos. Además, el manejo del conflicto y la gestión de crisis son habilidades esenciales para enfrentar las inevitables tensiones y desafíos que surgen en el ámbito político. La capacidad de resolver disputas de manera constructiva y de mantener la calma y la compostura durante momentos de crisis son atributos clave del liderazgo. Por último, el trabajo en equipo y la colaboración son fundamentales en un entorno político donde la complejidad de los problemas requiere soluciones multifacéticas y la cooperación entre múltiples actores. Es así como el desarrollo de habilidades de liderazgo, desde el autoconocimiento hasta el trabajo en equipo, es esencial para el éxito y la efectividad de los líderes en el complejo entorno político actual. Estas habilidades no solo permiten a los líderes sobrevivir en un mundo político en constante cambio, sino también prosperar y liderar con impacto y significado duraderos. Vamos a conocer un poco estas habilidades.

Autoconocimiento y autodesarrollo

El primer pilar del liderazgo en la política es el autoconocimiento y el autodesarrollo. ¿Sabes de verdad quién eres y hasta dónde puedes llegar? Quienes se dediquen o quieran dedicar a la política deben conocer y asumir sus propias fortalezas, debilidades, oportunidades y amenazas para liderar con autenticidad. Un ejercicio que te recomiendo hacer con la mayor objetividad posible es completar una tabla DAFO, rellenando los cuatro bloques que la componen. Si puedes, debieras cumplimentar también otra tabla de manera paralela con la opinión de varias personas que te conozcan, a ver qué encuentras.

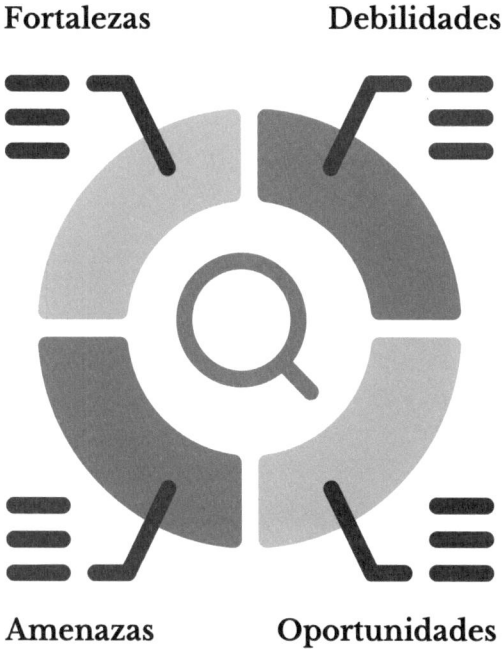

Tabla análisis DAFO

Un ejemplo de autoconocimiento y autodesarrollo en el ámbito político es la excanciller de Alemania, Angela Merkel. A lo largo de su extensa carrera política demostró una capacidad única para adaptarse y evolucionar como líder. Nacida en Alemania Oriental en 1954, Merkel se formó como física y trabajó en investigación antes de entrar en la política.

«Elegí seguir una carrera en física, porque allí la verdad no se dobla tan fácilmente»

ÁNGELA MERKEL

Su carrera comenzó en la década de 1990 y, desde entonces, ocupó varios cargos, incluyendo el de ministra de Medio Ambiente y ministra de Mujer y Juventud. El autoconocimiento de Merkel fue manifiesto en su firmeza a la hora de tomar decisiones. Su cambio de trenes desde el vagón de la investigación científica hasta el del ámbito político refleja una profunda comprensión de sus propias habilidades y una adaptación a las demandas cambiantes que le venían de frente. Además, su liderazgo durante la crisis financiera de 2008 y la gestión de la crisis migratoria en 2015 destacan su capacidad para tomar decisiones estratégicas basadas en la realidad del momento.

Merkel ha mostrado siempre una habilidad excepcional para aprender de las circunstancias y ajustar su manera de dirigir según las necesidades del momento, lo que subraya su fuerte autoconocimiento y autodesarrollo a lo largo de su carrera política.

Habilidades de comunicación efectiva

La comunicación efectiva es un componente esencial del liderazgo en cualquiera de sus facetas. Imposible ser líder sin comunicación, imposible. Los dirigentes deben ser capaces de expresar sus ideas de manera clara, persuasiva y adaptarse a diversos públicos. Durante su presidencia en los Estados Unidos, Barack Obama ejemplificó habilidades de comunicación sobresalientes. Su capacidad para inspirar a través de discursos emotivos y su habilidad para llegar a múltiples audiencias, combinando plataformas tradicionales y redes sociales, lo convirtieron en un líder que destacaba por manejar de manera magistral los tiempos y la comunicación en discursos o comparecencias ante las audiencias. La política exterior de Obama también reflejó una diplomacia basada en la buena comunicación y el diálogo. La normalización de relaciones con Cuba y el Acuerdo Nuclear con Irán son ejemplos de cómo una comunicación bien trabajada puede ser la base para resolver conflictos internacionales.

Más de cerca, quizás como ejemplo de habilidades de comunicación cercana en el ámbito político español está la exalcaldesa de Barcelona, Ada Colau. La lideresa de Barcelona en Comú ha sido reconocida por su estilo directo y su capacidad para comunicar de manera efectiva con la ciudadanía. La dirigente catalana, una activista social antes de entrar en la política, ha mantenido una comunicación abierta y accesible, utilizando las redes sociales y otros canales para mantener una conexión directa con los ciudadanos de Barcelona.

Durante su mandato como alcaldesa entre 2015 y 2019, destacó por abordar temas sensibles como el turismo masivo y la vivienda asequible, comunicando de manera clara las medidas adoptadas y buscando el diálogo con diversos sectores de la sociedad. Su habilidad para expresar sus ideas con claridad y conectar con la ciudadanía a través de discursos, entrevistas y plataformas digitales ilustra cómo las habilidades de comunicación efectiva son esenciales para el liderazgo político, permitiendo que las políticas sean comprendidas y respaldadas en gran mayoría por la población.

Toma de decisiones estratégicas

La toma de decisiones estratégicas implica evaluar opciones, anticipar consecuencias y elegir el curso de acción más beneficioso. Un ejemplo destacado de la toma de decisiones estratégicas en Latinoamérica es la expresidenta de Chile, Michelle Bachelet, quien, tras ocupar la presidencia en dos períodos no consecutivos (2006-2010 y 2014-2018), ha sido reconocida por sus decisiones estratégicas en temas relevantes para el desarrollo del país. Durante su mandato, esta médica y lideresa chilena abordó temas como la educación y la igualdad de género con mucha vehemencia. Su decisión de impulsar reformas significativas en el sistema educativo chileno, con el objetivo de hacerlo más inclusivo y accesible, reflejó una visión estratégica para fortalecer la base educativa del país. Asimismo, su compromiso con la igualdad de género se evidenció en la promulgación de leyes y políticas destinadas a cerrar brechas y promover la participación activa de las mujeres en la sociedad y la política.

Estas decisiones estratégicas buscaban no solo abordar problemas inmediatos, sino también sentar las bases para un desarrollo sostenible y equitativo en el futuro. El liderazgo de Michelle Bachelet destaca cómo la toma de decisiones estratégicas puede influir, sin duda, en áreas clave para el progreso de un país, subrayando la importancia de la visión y la planificación a largo plazo en el liderazgo político latinoamericano. El liderazgo a largo plazo no suele ser visto con buena aceptación popular, incluso llega a ser surrealista, pero si consigue afianzarse, será recordado siempre.

Manejo del conflicto y gestión de crisis

El liderazgo en política donde realmente se pone a prueba es en momentos de crisis y conflictos. Un ejemplo muy claro y de hace pocos años relativo al manejo del conflicto y gestión de crisis, por parte de un líder político masculino, puede ser el del presidente de Francia, Emmanuel Macron durante la pandemia de COVID-19. El presidente francés asumió un protagonismo manifiesto, al igual que otros líderes europeos, en la gestión de la crisis sanitaria, tomando decisiones difíciles para contener la propagación del virus y proteger la salud pública. Implementó medidas como confinamientos, restricciones de viaje y campañas de vacunación a gran escala para hacer frente a la emergencia sanitaria. Macron se esforzó por coordinar respuestas a nivel europeo, abogando por una colaboración estrecha entre los países miembros de la Unión Europea para enfrentar la pandemia de manera conjunta. Su liderazgo en este contexto resalta la importancia de la cooperación internacional y la toma de decisiones decisivas en momentos de crisis global. Este caso ilustra cómo líderes políticos contemporáneos deben enfrentar desafíos de gran envergadura y tomar medidas rápidas y efectivas para gestionar crisis de magnitud mundial.

Trabajo en equipo y colaboración

La habilidad para trabajar en equipo y colaborar es esencial en un entorno político donde la complejidad de los problemas requiere soluciones multifacéticas. La Unión Europea es un ejemplo de colaboración política a gran escala. A través de la cooperación entre países miembros, la UE ha abordado una variedad de desafíos, desde la economía hasta la gestión de crisis migratorias. La creación de políticas comunes, como el mercado y la moneda únicos (euro), refleja la capacidad de la UE para trabajar en equipo y colaborar en la búsqueda de objetivos compartidos. Aunque también enfrenta desafíos y críticas, el modelo de colaboración de la UE destaca la importancia del trabajo conjunto en la toma de decisiones políticas.

El liderazgo en política también entiende de organismos y de instituciones, este es un claro ejemplo de ello. Estos líderes y lideresas mencionados en los ejemplos han dejado un legado duradero, no solo por sus políticas específicas, sino por la forma en que han ejemplificado y desarrollado habilidades de liderazgo político que trascienden sus mandatos y continúan inspirando a las generaciones futuras. En última instancia, el desarrollo de estas habilidades es esencial para abordar los desafíos políticos actuales y para construir un futuro basado en la colaboración, la comprensión y la visión estratégica.

ESTRATEGIAS PARA FORTALECER EL LIDERAZGO POLÍTICO

«Condenadme, no me importa,
la historia me absolverá»

FIDEL CASTRO

La sociedad busca sin parar dirigentes que no solo estén en sintonía con el presente, sino que también tracen un camino hacia un futuro esperanzador. El liderazgo político es más que una simple elección; es una necesidad urgente en un mundo marcado por cambios constantes y profundas brechas sociales. En muchos países estas diferencias llegan a ser alarmantes. Por lo tanto, en este momento crítico, es más importante que nunca fortalecer el liderazgo y prestar atención a aquellos que están guiando el destino de las poblaciones hacia mejores derroteros. A partir de ahora, nos adentraremos en un análisis exhaustivo de estrategias y métodos que impulsan al liderazgo político hacia una nueva dimensión. Desde la creación de una visión compartida que trascienda fronteras hasta la formación de alianzas sólidas que superen las diferencias ideológicas. Sé que puede sonar desafiante, pero estoy convencido de que las coaliciones políticas serán cada vez más numerosas para lograr gobiernos y acuerdos entre partidos.

Desde el desarrollo de habilidades persuasivas hasta la gestión ágil de cambios, y desde la adaptación a la incertidumbre hasta la promoción de una cultura basada en el liderazgo, cada aspecto contribuye al entramado esencial para dirigir a los pueblos hacia un futuro con más oportunidades.

Hemos evolucionado en pocas décadas desde la valoración de las ideologías hasta la comercialización política. Hoy hablamos de *marketing* político, de comunicación estratégica, de inteligencia artificial y neuropolítica. Esto es una realidad que debemos aceptar y, créeme, no es una mala noticia. El *marketing* busca adaptar y acercar el producto de cualquier empresa al consumidor final; en este caso, El candidato, sus proyectos y argumentos al cliente político, tú y yo. Los desafíos globales, desde la crisis climática hasta la desigualdad económica, demandan líderes capaces de articular una visión clara y movilizar a la sociedad hacia la acción. En este contexto, el desarrollo de estrategias eficaces para fortalecer el liderazgo político adquiere una importancia vital.

Al embarcarnos en este viaje exploratorio, desentrañaremos casos prácticos de líderes cuyas hazañas han marcado la historia, revelando los hilos secretos que han tejido el éxito en sus respectivas trayectorias. La riqueza de estos ejemplos no solo ilustrará la aplicabilidad tangible de las estrategias propuestas, sino que también ofrecerá valiosas lecciones para nuevos liderazgos y aquellos ya consolidados en la arena política.

Por ejemplo, Nelson Mandela, quien lideró la transición de Sudáfrica hacia la democracia y la reconciliación nacional después de décadas de *apartheid,* nos enseña sobre la importancia de la resiliencia, el perdón y la capacidad de inspirar a través del ejemplo. Su habilidad para forjar una visión compartida de una Sudáfrica unida y próspera, a pesar de las profundas divisiones históricas, resalta la importancia de la visión y el compromiso con valores compartidos en el liderazgo político. En un momento en el que la demanda por líderes auténticos y capacitados nunca ha sido más apremiante, estas estrategias se manifiestan como guías en el torbellino de la política moderna. De esta manera, nos aventuramos a desentrañar las claves y secretos detrás del fortalecimiento del liderazgo político, con la esperanza de inspirar y empoderar a aquellos que llevan el timón de las naciones hacia el futuro.

La creación de una visión compartida constituye un aspecto fundamental del liderazgo político práctico. Los líderes que pueden articular una visión clara del futuro y movilizar a otros hacia ella tienen más probabilidades de lograr el cambio y superar los obstáculos en el camino. Un ejemplo contemporáneo de esta orientación es el de Jacinda Ardern, primera ministra de Nueva Zelanda, quien ha destacado por su habilidad para comunicar una visión inclusiva y progresista para su país. Su liderazgo durante la pandemia de COVID-19, caracterizado por una comunicación clara y empática, ilustra cómo una visión compartida puede unir a la población en tiempos de crisis y desafío.

Jacinda Ardern se convirtió en la primera ministra más popular de los últimos cien años en la historia de Nueva Zelanda. Gracias a su contundente programa para derrotar al coronavirus, con largos confinamientos y el cierre absoluto de la frontera, la mortalidad por la pandemia se mantuvo durante mucho tiempo entre las más bajas del mundo: 53 muertos en un país de 5 millones de habitantes.

Además de la creación de una visión compartida, la construcción de alianzas sólidas es otra estrategia palpable para fortalecer el liderazgo político. Los líderes que pueden establecer relaciones sólidas con otros actores políticos, tanto a nivel nacional como internacional, tienen más probabilidades de lograr sus objetivos y enfrentar desafíos complejos. Angela Merkel, canciller de Alemania durante 16 años, es un ejemplo de cómo la construcción de alianzas sólidas puede contribuir al éxito político. Su habilidad para negociar y forjar coaliciones tanto en el ámbito doméstico como en el europeo le permitió liderar con eficacia en un entorno político caracterizado por la incertidumbre en la Comunidad Europea.

El desarrollo de habilidades persuasivas también es fundamental para el liderazgo político verdadero. Los líderes que pueden comunicarse de manera clara, convincente y persuasiva tienen más probabilidades de ganar apoyo para sus políticas y movilizar a la población hacia el cambio. Durante su presidencia en Estados Unidos, Barack Obama fue elogiado por su habilidad para inspirar a través de discursos emotivos y convincentes. Su capacidad para articular una visión de esperanza y cambio alcanzó en muy poco tiempo a millones de estadounidenses, ayudando a lograr avances significativos en áreas como la atención médica y el cambio climático. La gestión de cambios rápidos es otra habilidad destacada del liderazgo político en un mundo caracterizado por la inmediatez tecnológica, los cambios demográficos y los últimos desafíos globales.

Justin Trudeau, primer ministro de Canadá, ha sido elogiado por su capacidad para abrazar el cambio y liderar en un mundo cada vez más interconectado y dinámico. Su trabajo en temas como la igualdad de género, el cambio climático y la diversidad refleja una respuesta proactiva a los desafíos del siglo XXI y su habilidad para mantenerse a la vanguardia de la política mundial. Ya hemos visto como los líderes y lideresas pueden desempeñar un papel importante en la creación de políticas que fomenten la innovación, la colaboración y el crecimiento personal y profesional. Angela Merkel, por ejemplo, ha sido elogiada por su estilo de liderazgo inclusivo y colaborativo, que propició un clima político en el que se valora la diversidad de opiniones y se da la oportunidad al debate constructivo. Quienes aspiren a liderar proyectos y puedan dominar estas habilidades están mejor posicionados para enfrentar los desafíos del siglo XXI y llevar a sus países o ciudades hacia un futuro con más oportunidades para toda la población.

Creación de una visión compartida

¿Y si somos capaces de forjar una visión compartida que inspire a toda una nación hacia metas colectivas? En lugar de centrarnos en figuras históricas ya muy conocidas, como Nelson Mandela, echemos un vistazo a la notable historia de Indira Gandhi, la primera mujer en ser primera ministra de la India. Gandhi, una líder visionaria, trabajó su visión en torno a dos pilares fundamentales: la unidad nacional y el progreso económico. Su ambición no conocía límites, aspirando a erradicar la pobreza y a fomentar la igualdad en su nación. Para lograr estos objetivos, implementó audaces políticas que priorizaban el bienestar social y la modernización industrial. A esto llamo yo hacer política con perspectiva real, política a largo plazo.

Un caso igualmente poderoso nos lo ofrece el expresidente de Brasil, Lula da Silva. Su preocupación por reducir la brecha entre ricos y pobres, y erradicar la pobreza, fue el motor de programas sociales revolucionarios como el Bolsa Familia. Lula, un líder con una sensibilidad única hacia las necesidades de los más desfavorecidos, creó un vínculo profundo con la población a través de su orientación hacia la inclusión social y económica. Este sentido de propósito compartido unió a la nación brasileña en la búsqueda de un futuro más justo y equitativo. Estos ejemplos nos enseñan que una visión compartida no solo es un ideal abstracto, sino una fuerza poderosa que puede transformar sociedades enteras. Alimenta la esperanza, une a las personas en torno a un objetivo común y despierta un sentido de responsabilidad colectiva. Estamos en épocas de fragmentación social. La habilidad de estos tipos de liderazgo para articular y encarnar una visión que inspire y movilice a la población es más primordial que nunca.

Construcción de alianzas y redes de apoyo

La construcción de alianzas y redes de apoyo se antoja esencial en un mundo interconectado. El ejemplo de la resistencia contra el *apartheid* en Sudáfrica presenta un caso destacado. La alianza entre Nelson Mandela y Frederik de Klerk, el último presidente durante el *apartheid* fue muy importante para la transición hacia un régimen democrático. A través del diálogo y la colaboración, lograron establecer las bases para un cambio significativo. A nivel internacional, el liderazgo del canciller alemán Willy Brandt durante la Guerra Fría es ejemplar. Brandt buscó la reconciliación y la cooperación con Europa del Este, promoviendo la distensión. Su política de Ostpolitik allanó el camino para la mejora de las relaciones Este-Oeste y la construcción de grandes alianzas.

Desarrollo de habilidades de influencia y persuasión

Cuando la política se complica, es fundamental cultivar habilidades de influencia y persuasión. Ronald Reagan es un ejemplo destacado de cómo estas habilidades pueden marcar la diferencia. Su concentración en la economía y su llamado a reducir la intervención gubernamental resultaron llamativos entre la población, atrayendo apoyo y generando cambios significativos en las políticas fiscales del país.

Por otro lado, en América Latina, Álvaro Uribe, expresidente de Colombia, también demostró una influencia efectiva durante su mandato. Lideró la lucha contra guerrillas y cárteles de drogas, convenciendo a la población sobre la necesidad de medidas firmes para restablecer la seguridad en el país. Su habilidad para persuadir y movilizar apoyo se reflejó en la implementación exitosa de políticas antiterroristas y antidrogas. Cuando Uribe se presentó por primera vez a la presidencia en el año 2000, enfrentaba un apoyo popular en sus inicios bajo, pero logró conectar con la población promedio colombiana, apelando más a las emociones que a la razón. Su capacidad para conectar con las emociones y creencias de la gente, especialmente en temas de seguridad, fue clave para su éxito político.

Sin embargo, es importante destacar que su estilo de comunicación, aunque eficiente para movilizar a sus seguidores, también ha sido objeto de críticas. Muchos lo acusaron de polarizar el debate político con mensajes basados en noticias ficticias presentadas de manera confusa y teatral. A pesar de ello, su habilidad para enmarcar sus argumentos de manera formal y aceptable en el discurso democrático ha consolidado su base de seguidores y, de manera exponencial, en las redes sociales, donde su mensaje cala con fuerza, aunque a menudo carezca de fundamentos sólidos y se base más en la adhesión emocional que en el razonamiento lógico.

Gestión del cambio y adaptabilidad

Cambios, cambios y cambios. Adaptarse o morir en el intento. Por eso veamos otro ejemplo. Voy a contarte ahora sobre Shinzo Abe, el ex primer ministro de Japón, y cómo enfrentó grandes desafíos durante su tiempo en el cargo. Abe se encontró en una situación difícil: la economía de Japón necesitaba un impulso urgente. Para hacer frente a esta situación, ideó una estrategia ambiciosa llamada Abenomics, que básicamente consistía en tomar medidas audaces para revitalizar el crecimiento económico, como flexibilizar las políticas monetarias y destinar inversiones importantes en infraestructura.

Lo que realmente admiro de Abe es su enfoque práctico y su habilidad para adaptarse a las situaciones cambiantes. No se dejó vencer por los desafíos económicos, sino que los enfrentó con determinación y liderazgo, utilizando su astucia y resistencia para llevar al país hacia la recuperación económica.

Un momento importante durante su mandato fue cuando logró que Tokio fuera elegida como sede de los Juegos Olímpicos de Verano de 2020. Sin embargo, justo cuando todo parecía estar en su lugar, la pandemia de COVID-19 golpeó fuerte y cambió todo. A pesar de este revés, Abe demostró ser un líder valiente, capaz de tomar decisiones difíciles y mantener la calma durante los tiempos turbulentos. Los Juegos se pospusieron, sí, pero esto se hizo con medidas de seguridad estrictas para proteger a los atletas y a todos los que iban a disfrutar del evento. Ya sabemos cómo se las gastan los japoneses. Por eso, este ejemplo me enseña que, incluso ante los desafíos más grandes e inesperados, un líder puede mantenerse firme y enfrentarlos con coraje y determinación. En política se está para muchas cosas, soy consciente, para ser valiente también.

La capacidad de adaptarse a las circunstancias cambiantes es imprescindible para liderar con éxito una comunidad hacia un futuro más brillante y seguro.

Fomento de una cultura de liderazgo político

Es más que evidente que cultivar una cultura del liderazgo en cualquier ámbito de la sociedad es primordial para el crecimiento continuo de las naciones. Podemos analizar el caso de México durante el liderazgo de Benito Juárez. Este mexicano promovió la educación y el mérito como cimientos para el progreso del país. Su visión de un país basado en la justicia y la igualdad sentó las bases para una cultura política centrada en la educación y la equidad.

Otro ejemplo notable fue el de la ex primera ministra de Noruega, Gro Harlem Brundtland defendiendo el desarrollo sostenible y estableciendo los pilares para una cultura política que priorizó la responsabilidad ambiental y social.

Su trabajo dirigido en políticas de sostenibilidad y de equidad contribuyó a la creación de una cultura de liderazgo político comprometida con el bienestar a largo plazo. Una utopía en los tiempos que corren, lo sé, pero una realidad que fue posible. Si nos adentramos en la política nórdica, podemos destacar tres logros políticos importantes asociados con su mandato:

1. Liderazgo en el desarrollo sostenible: Brundtland es reconocida por su liderazgo en la promoción del desarrollo sostenible a nivel global. Enfatizó la necesidad de abordar de manera integrada los desafíos ambientales, sociales y económicos. Fue una figura clave en la popularización del concepto de desarrollo sostenible y sus tres pilares: económico, social y ambiental, a través del Informe Brundtland de 1987, emitido por la Comisión Mundial sobre Medio Ambiente y Desarrollo de las Naciones Unidas.

2. Políticas de salud y bienestar social: Brundtland, que era médica, priorizó las políticas de salud y bienestar social durante

su mandato como primera ministra. Implementó reformas significativas en el sistema de salud noruego, mejorando la calidad de los servicios, fortaleciendo la prevención de enfermedades y ampliando la cobertura médica.

3. Políticas de igualdad: También abogó por la igualdad de género y los derechos de las mujeres, promoviendo políticas para reducir la brecha de género en áreas como el empleo, la participación política y la educación.

Por lo tanto, fortalecer el liderazgo político requiere una combinación de estrategias que aborden aspectos como la visión compartida, las alianzas, las habilidades de influencia, la gestión del cambio y la cultura de liderazgo.

Los ejemplos mencionados ilustran cómo líderes destacados han implementado con éxito estas estrategias, generando impactos duraderos en sus naciones y en la escena internacional. Al desarrollar estas habilidades clave de manera integral, los líderes políticos pueden abordar eficazmente los desafíos actuales y contribuir a un futuro más sostenible.

HABILIDADES DE COMUNICACIÓN NO VERBAL PARA LÍDERES POLÍTICOS: EL PODER DE LA EXPRESIÓN SILENCIOSA

«Solo se recuerda lo que se siente»

DAVID BRIERLY

La comunicación no verbal, a menudo pasada por alto en el mundo del liderazgo político, se revela como una herramienta fundamental que puede determinar el éxito o fracaso de un líder en la percepción pública. En comunicación política nunca se trabaja con realidades, sino con percepciones. Antes de abordar este texto, quiero exponerte que la comunicación no verbal entiende de contextos y situaciones. No por el simple hecho de tocarnos la nariz estamos mintiendo, puede ser que nos haya picado alguna mosca. En este capítulo, nos sumergiremos en el fascinante mundo de la comunicación no verbal, explorando cómo los gestos, expresiones faciales, posturas y tonos de voz forman un lenguaje silencioso que influye sutil pero poderosamente en la audiencia.

Estamos en la era de la información y la comunicación instantánea, la época del ya, los tiempos del ahora mismo y donde los líderes políticos se encuentran bajo una lupa constante. Cada gesto, cada mirada, cada movimiento es observado y fiscalizado por la audiencia. La comunicación no verbal, lejos de ser un detalle insignificante, se convierte en un aspecto determinante para transmitir autenticidad, confianza y liderazgo en toda su dimensión. La primera impresión es clave, no hay segundas oportunidades, y gran parte de esa impresión se forma a través de la comunicación no verbal.

La postura firme durante un discurso, el contacto visual directo con la audiencia, los gestos que refuerzan el mensaje; todos estos elementos contribuyen a la construcción de una imagen sólida y convincente. La comunicación no verbal es una herramienta esencial en el liderazgo, ya que puede influir en la percepción pública de un líder y determinar su éxito o fracaso. Es importante tener en cuenta que la comunicación no verbal se ve afectada por el contexto y las situaciones. Por ejemplo, no siempre que nos tocamos la nariz estamos mintiendo, puede ser que a lo mejor nos haya picado una mosca. En este capítulo, exploraremos el fascinante mundo de la comunicación no verbal, que incluye gestos, expresiones faciales, posturas y tonos de voz. Estos elementos forman un lenguaje silencioso que tiene un impacto sutil pero poderoso en la audiencia. En la era de la información y la comunicación instantánea, los líderes políticos están siempre bajo escrutinio. Cada gesto, mirada y movimiento es observado y evaluado por la audiencia. La comunicación no verbal, lejos de ser insignificante, se convierte en pieza clave para transmitir autenticidad, confianza y un liderazgo visible. La primera impresión es fundamental en el liderazgo político y gran parte de esta impresión se forma a través de la comunicación no verbal. Una postura firme durante un discurso, el contacto visual directo con la audiencia y los gestos que refuerzan el mensaje son elementos que contribuyen a construir una imagen sólida y convincente.

Gestos y expresiones faciales

Los gestos y las expresiones faciales se erigen como elementos destacados en la comunicación no verbal. Un simple gesto puede enfatizar un punto importante, transmitir empatía o incluso desencadenar una reacción emocional en la audiencia. Un líder político que domina el arte de los gestos comunica su mensaje de manera más efectiva y memorable. Las expresiones faciales, por su parte, revelan mucho sobre la autenticidad y la sinceridad de un líder. La sonrisa genuina en momentos de alegría o la seriedad en situaciones graves pueden establecer una conexión emocional con la audiencia. El líder político que puede modular sus expresiones faciales de manera congruente con el mensaje que desea transmitir se posiciona como alguien auténtico y digno de confianza. Algunos ejemplos señalados muy rápidamente pueden ser los siguientes:

La mano extendida

Un gesto comúnmente utilizado por líderes políticos es la mano extendida. Este gesto transmite apertura, conexión y disposición para interactuar. Al ofrecer la mano de manera firme y segura, el líder político establece un contacto inicial positivo, generando confianza y simpatía en la audiencia.

La sonrisa cálida

La sonrisa es una expresión facial poderosa que puede transmitir empatía y cordialidad. Una sonrisa cálida y genuina puede hacer que el gobernante parezca accesible y amigable. Utilizar esta expresión en momentos apropiados durante discursos o interacciones públicas contribuye a crear una conexión emocional con la audiencia.

La mano en el corazón

Colocar la mano en el corazón es un gesto que sugiere sinceridad, honestidad y compromiso emocional. Los líderes políticos pueden utilizar este gesto en momentos de emoción genuina o para enfatizar la autenticidad de sus palabras. Este gesto transmite una conexión emocional directa con la audiencia.

El puño en alto

El puño en alto es un gesto que simboliza fuerza, unidad y determinación. Líderes políticos han utilizado este gesto en momentos de exaltación y para expresar solidaridad con ciertos grupos o causas. Sin embargo, su uso debe ser cuidadosamente considerado para evitar malentendidos o interpretaciones negativas.

El ceño fruncido

Fruncir el ceño puede indicar seriedad, concentración o desaprobación. Los líderes políticos pueden utilizar esta expresión facial para enfatizar la gravedad de ciertos temas o mostrar determinación ante desafíos. Es esencial equilibrar su uso para evitar transmitir una imagen negativa

En los debates televisivos aparece este gesto de manera omnipresente. Estos ejemplos ilustran cómo gestos y expresiones faciales específicos pueden ser herramientas poderosas en la comunicación no verbal de líderes políticos. La clave radica en la autenticidad y en la adaptación de estos elementos a situaciones y mensajes específicos, con el objetivo de fortalecer la conexión con la audiencia y mejorar la efectividad del liderazgo político.

La ceja arqueada

Arquear una ceja puede transmitir sorpresa, interés o incredulidad. Los líderes políticos pueden utilizar esta expresión facial para destacar puntos clave, mostrar reacción ante eventos inesperados o enfatizar la importancia de ciertas declaraciones. La variación en las expresiones faciales agrega dinamismo y expresividad a la comunicación.

Posturas y movimientos: el cuerpo como narrador de historias

La postura y los movimientos corporales también desempeñan un papel decisivo en la comunicación no verbal. Una postura erguida y segura puede proyectar confianza y determinación, mientras que movimientos fluidos y gestos naturales pueden hacer que un líder político parezca más accesible y cercano. La congruencia entre el lenguaje verbal y no verbal es esencial para evitar cualquier discrepancia que pueda generar desconfianza en la audiencia.

El manejo del espacio también es un elemento importante. Un líder que sabe utilizar el espacio de manera estratégica puede crear impacto y controlar la dinámica de una interacción pública. La forma en que un líder se mueve y utiliza el espacio físico contribuye a la percepción de su liderazgo y presencia.

La postura erguida

La postura erguida es una manifestación poderosa de confianza y determinación que va más allá de la mera posición física. Cuando un líder político se coloca con la espalda recta y los hombros hacia atrás, está comunicando mucho más que solo una buena postura. Este gesto proyecta una imagen de seguridad en sí mismo y de autoridad, indicando un liderazgo sólido y decidido. Al mantener una postura erguida, un líder político transmite la sensación de estar seguro de sí mismo y de sus convicciones. Esta actitud puede ser particularmente efectiva al inicio de un discurso, ya que establece una presencia dominante en el escenario y captura la atención del público de inmediato.

Además, esta postura refuerza la percepción de liderazgo competente y capaz, lo que puede generar confianza y respeto entre los seguidores, espectadores y audiencias. La postura erguida también puede influir en cómo se percibe el mensaje del líder político. Una posición firme y erguida puede sugerir determinación y firmeza en las políticas y decisiones propuestas, mientras que una postura encorvada o insegura podría transmitir dudas o falta de convicción. En este sentido, mantener una postura firme y altiva no solo es una cuestión de imagen, sino también un elemento clave en la efectividad de la comunicación política. Además, es un componente fundamental y un símbolo de confianza, determinación y autoridad que puede influir poderosamente en la percepción y el impacto de un líder político en su audiencia.

Caminar con propósito

El movimiento a través del espacio puede ser tan impactante como la postura estática. Caminar con propósito, moviéndose de manera segura y decisiva, puede transmitir energía y liderazgo dinámico. Este movimiento es visible al abordar una audiencia o durante momentos clave de un discurso para enfatizar puntos importantes.

Manos entrelazadas

Entrelazar las manos frente al cuerpo es una postura que sugiere control y calma. Esta postura puede usarse durante momentos de reflexión o para transmitir tranquilidad en situaciones desafiantes. Sin embargo, su uso excesivo puede percibirse como falta de apertura, por lo que debe ser equilibrado.

Gestos expresivos con las manos

El uso de gestos expresivos con las manos puede añadir dinamismo a la comunicación no verbal. Los líderes políticos utilizan en muchas ocasiones gestos específicos para enfatizar puntos clave, ilustrar conceptos o conectar de manera emocional con la audiencia.

Se trata de movimientos naturales y gestos bien coordinados que siempre contribuyen a que un encuentro vecinal, una presentación u otro tipo de reuniones sean más cautivadores.

El abrazo

La postura de abrazo, donde un líder político cruza los brazos sobre el pecho, puede interpretarse de diversas maneras. Puede indicar seguridad y confianza en sí mismo, pero también puede percibirse como defensivo. Este gesto debe ser utilizado con precaución y en contextos apropiados para evitar malentendidos.

Interacción con la audiencia

Cuando los líderes políticos interactúan directamente con la audiencia a través de gestos y movimientos, no solo transmiten mensajes, sino que también humanizan su presencia, fortaleciendo así la conexión emocional con el público. Estas interacciones van más allá de las palabras y pueden incluir desde hacer contacto visual hasta señalar hacia la audiencia o incluso acercarse al borde del escenario, creando una sensación palpable de cercanía y empatía.

Estos gestos y movimientos son más que simples acciones físicas; son expresiones de accesibilidad y apertura, capaces de generar una respuesta positiva en la audiencia. Al mostrar disponibilidad y mostrarse receptivos a la interacción, los líderes políticos pueden ganarse la confianza y el apoyo de la gente que los escucha. En esencia, estas prácticas demuestran que los líderes están dispuestos a escuchar y a conectarse genuinamente con las preocupaciones y necesidades de la audiencia.

Estos ejemplos demuestran cómo los gestos y movimientos seleccionados con cuidado pueden moldear la percepción que tiene el público sobre los dirigentes políticos. La congruencia entre la postura física y el mensaje transmitido, así como la autenticidad en cada movimiento, son elementos esenciales para una comunicación no verbal real en el ámbito político. Cuando los gestos son coherentes con el mensaje y se perciben como auténticos, contribuyen a construir una imagen de liderazgo confiable y conectado con la expectativa de la gente. En última instancia, esta conexión emocional y autenticidad en la comunicación no verbal son fundamentales para construir una relación sólida y duradera entre los líderes políticos y la ciudadanía que representan.

Tono de voz: la melodía de la política

El tono de voz, a menudo subestimado, es una herramienta poderosa en la comunicación no verbal. La entonación, el ritmo y la modulación del tono pueden agregar profundidad y significado al discurso político. Un tono de voz seguro y claro puede inspirar confianza, mientras que la variación en el tono puede captar la atención y mantener el interés de la audiencia. La velocidad del habla también juega un papel esencial. Un líder político que ajusta la velocidad de su discurso de manera efectiva puede transmitir calma, seriedad o urgencia, según la situación. El dominio del tono de voz permite al líder modular su mensaje de acuerdo con el contexto y las emociones que desea evocar. Aquí tienes algunos ejemplos de cómo aplicar la voz a la comunicación política:

El tono firme y decidido

Pongámonos ahora en el ejemplo de un líder político que, en medio de un discurso clave, habla con un tono de voz firme y seguro. ¿A que esta forma de comunicarse inspira confianza y proyecta autoridad en sus palabras? El liderazgo recurre a este tono en momentos clave, como al comunicar decisiones importantes, políticas clave o durante situaciones de crisis.

Este tipo de tono transmite una profunda determinación y seguridad en la toma de decisiones, generando una impresión de liderazgo fuerte y sólido.

Este tono de voz no solo es una cuestión de sonido; es un mensaje en sí mismo. Es como un faro en la oscuridad, una voz que orienta y tranquiliza en tiempos de incertidumbre. Cuando los líderes políticos hablan con esta firmeza, están mostrando al mundo que están preparados para enfrentar cualquier desafío y tomar las decisiones necesarias para avanzar. Es en los momentos de crisis y de decisiones trascendentales donde este tono se vuelve esencial. Es una herramienta para transmitir calma y determinación, incluso en las circunstancias más difíciles. Esta seguridad en sí mismo y en las decisiones tomadas ayuda a generar confianza en el liderazgo y a mantener la estabilidad en tiempos turbulentos. El tono de voz firme y decidido es una herramienta poderosa para los líderes políticos. Es una expresión de determinación y seguridad que inspira respeto y confianza en su capacidad para liderar en cualquier situación.

El tono enfático para resaltar puntos clave

La aplicación de un tono enfático en momentos precisos puede no solo resaltar puntos esenciales, sino también añadir un énfasis significativo a mensajes particulares. Esta manera de expresarse, más enérgica y potente, tiene la capacidad de llamar la atención del público y poner de relieve la relevancia de temas específicos.

No obstante, es fundamental emplearlo de manera estratégica para evitar generar un impacto negativo o contraproducente en la audiencia. Es decir, su uso debe ser cuidadosamente considerado y dosificado para maximizar su efectividad sin alienar al receptor del mensaje. Esta cautela asegura que el tono enfático cumpla su propósito de destacar los mensajes importantes sin distraer o alienar a la audiencia.

El tono empático y compasivo

Cuando se decide emplear un tono de voz empático y compasivo, los líderes logran establecer un vínculo emocional genuino con aquellos a quienes se dirigen. Esta elección de tono no es solo una estrategia comunicativa, sino que se convierte en una poderosa herramienta para conectar con la audiencia en momentos de dificultad, crisis humanitarias o cuando se desea expresar solidaridad. Este tipo de tono transmite mucho más que palabras; revela una profunda sensibilidad y preocupación hacia las experiencias y emociones de quienes los escuchan. Es como si los líderes políticos se pusieran en la piel de las personas, demostrando comprensión y empatía genuina ante las situaciones difíciles que puedan enfrentar. Cuando se abordan temas sensibles con este tono empático, se construye una imagen de liderazgo comprensivo y sensible. No se trata solo de transmitir información, sino también de brindar consuelo y apoyo emocional a quienes lo necesitan. Esta conexión emocional crea un puente poderoso entre el orador y la audiencia, fortaleciendo la confianza y generando un sentido de unidad y solidaridad en la comunidad.

La elección de un tono de voz empático y compasivo por parte de los líderes políticos va más allá de una simple estrategia de comunicación; es un reflejo de su verdadero compromiso con el bienestar emocional de la sociedad. Es una manifestación de liderazgo auténtico, que inspira confianza y esperanza en tiempos de adversidad, y que construye un camino hacia un futuro más compasivo y solidario para todos.

El tono conversacional y accesible

Adoptar un tono conversacional y accesible crea una conexión más cercana con la audiencia. Los líderes políticos pueden utilizar este tono en discursos informales, entrevistas o interacciones directas con la población. Transmite autenticidad y hace que el líder parezca más accesible y conectado con la realidad cotidiana. Estos ejemplos ilustran cómo los tonos de voz son herramientas versátiles en la comunicación no verbal de líderes políticos. La elección del tono adecuado y la combinación entre ellos en cada situación contribuye de manera destacada a la efectividad del mensaje y a la percepción del liderazgo.

El tono moderado y equilibrado

Imaginemos ahora a un líder político que, en medio de un discurso cargado de opiniones encontradas y temas difíciles, elige un tono de voz sereno y equilibrado. Este tono no solo comunica calma, sino también una profunda objetividad y pensamiento reflexivo. Es como si este líder estuviera diciendo: «Escuchen, comprendo la complejidad de la situación y estoy aquí para ofrecer una perspectiva ponderada y sensata». ¡Calma, pueblo!

Esta modalidad es muy útil cuando se trata de abordar asuntos delicados o al presentar argumentos en debates políticos acalorados. En lugar de exaltar los ánimos o polarizar aún más las opiniones, este tono invita a la reflexión y promueve un diálogo constructivo. Es un recordatorio de que, incluso en medio de la discordia, la calma y la mesura pueden abrir puertas hacia el entendimiento y la colaboración. El uso de un tono de voz moderado y equilibrado por parte de autoridades públicas no solo es una cuestión de estilo, sino también de substancia. Es una muestra de sabiduría y madurez, y refleja un compromiso genuino con la búsqueda de soluciones pensadas y trabajadas con anterioridad.

Es un recordatorio de que, en la política y en la vida, a veces es mejor hablar con serenidad que con estridencia.

El tono inspirador

Cuando un líder político se dirige a su audiencia con un tono de voz lleno de inspiración, se abre la puerta hacia la movilización y la acción. Este tono, impregnado de entusiasmo y optimismo, es fundamental para conectar con la gente y llevarla a la acción. Aquellas figuras públicas que aspiran a motivar y unir a la sociedad recurren a este tono al presentar visiones esperanzadoras del futuro y al instar a la colaboración para alcanzar metas compartidas. Este tono de voz va más allá de simples palabras; es una expresión cargada de pasión y compromiso que estremece a los corazones de quienes escuchan. Es como una llama que aviva el deseo de cambio y la esperanza de un mañana mejor. Cuando los líderes políticos adoptan este tono, no solo están hablando, están inspirando y eso es mucha capacidad de comunicación, créeme. En lugar de limitarse a transmitir información, este tono de voz inspirador genera una conexión emocional profunda con la audiencia. Es una llamada a la acción, una invitación a soñar en grande y trabajar juntos para hacer esos sueños realidad. A través de este tono, los líderes políticos no solo presentan un futuro brillante, sino que también brindan el impulso necesario para alcanzarlo. El tono de voz inspirador es una herramienta esencial para los líderes políticos que desean movilizar a la sociedad y construir un futuro mejor. Es una expresión de esperanza, un catalizador para el cambio y una guía para la acción colectiva hacia objetivos comunes.

Estrategias para desarrollar habilidades de comunicación no verbal

Ahora que hemos explorado la importancia de la comunicación no verbal, es esencial comprender cómo los líderes políticos pueden desarrollar y perfeccionar estas habilidades. Aquí presentamos algunas estrategias prácticas para potenciar la comunicación no verbal:

Autoconciencia

El primer paso es la autoevaluación. Los líderes políticos deben ser conscientes de su propio lenguaje no verbal y cómo puede estar siendo percibido por la audiencia. La grabación de discursos o presentaciones puede ser una herramienta valiosa para identificar áreas de mejora. ¡Mírate en un espejo!

Entrenamiento en comunicación no verbal

La formación específica en comunicación no verbal puede ser beneficiosa. Los líderes políticos pueden trabajar con expertos en expresión corporal y comunicación para recibir retroalimentación y aprender técnicas específicas que mejoren su lenguaje no verbal.

Observación de modelos exitosos

Estudiar a líderes políticos exitosos y observar cómo utilizan la comunicación no verbal puede proporcionar *insights* valiosos. Identificar gestos, expresiones impactantes y posturas puede inspirar y guiar el desarrollo de habilidades propias. ¡Cuidado!, porque no todo lo que vale a un personaje público puede valerte a ti.

Práctica constante

Al igual que con cualquier habilidad, la práctica constante y el entrenamiento es esencial. Los líderes políticos pueden realizar simulacros de discursos, participar en debates y recibir retroalimentación regular para mejorar su comunicación no verbal.

Feedback de la audiencia

La retroalimentación directa de la audiencia es una herramienta valiosa. Los líderes pueden solicitar comentarios específicos sobre su comunicación no verbal después de eventos públicos para comprender cómo su lenguaje corporal y tono de voz fueron percibidos.

El impacto de una comunicación no verbal efectiva en política

Una comunicación no verbal efectiva puede tener un impacto significativo en la percepción del liderazgo político y, en última instancia, en la toma de decisiones de la audiencia, dirigir su voto hacia nosotros.

Cuando un líder político domina la comunicación no verbal, puede:

Generar confianza

La congruencia entre el lenguaje verbal y no verbal crea confianza en la audiencia. Cuando gestos, expresiones faciales y tono de voz están alineados con el mensaje, la audiencia percibe autenticidad y credibilidad.

Conectar emocionalmente

La comunicación no verbal permite al líder político conectar con la audiencia. Expresiones faciales que reflejan empatía, gestos que enfatizan la pasión y tonos de voz que transmiten emociones contribuyen a establecer una conexión emocional duradera.

Inspirar acción

Un líder político que utiliza la comunicación no verbal puede inspirar a la audiencia a tomar medidas. La habilidad para transmitir convicción, determinación y urgencia a través del lenguaje no verbal puede movilizar a la audiencia hacia la acción.

Diferenciarse positivamente

En un escenario político donde la competencia es intensa, una comunicación no verbal impactante puede diferenciar a un líder. La capacidad de destacar entre la multitud y dejar una impresión duradera es esencial en la política. Recuerda que el orden natural a la hora de votar en unas elecciones es: atención, emoción, recuerdo y voto.

95

Desafíos y consideraciones éticas en la comunicación no verbal

A pesar de los beneficios evidentes, la comunicación no verbal también presenta desafíos y consideraciones éticas que los líderes políticos deben tener en cuenta. Algunos de estos desafíos incluyen:

Interpretación subjetiva

La interpretación de la comunicación no verbal puede ser subjetiva. Lo que para algunos puede ser percibido como un gesto seguro, para otros podría interpretarse como arrogancia. Los líderes deben ser conscientes de esta subjetividad y esforzarse por ser interpretados de manera positiva.

Autenticidad

La autenticidad es clave en la comunicación no verbal. Intentar manipular gestos o expresiones faciales puede ser percibido dé mala manera por la audiencia. Los líderes deben esforzarse por ser auténticos y genuinos en su comunicación no verbal. Recuerda, tú eres tú.

Culturalidad

La importancia de la culturalidad en la comunicación se manifiesta también en el ámbito político, donde la comunicación no verbal puede tener un impacto significativo en las relaciones internacionales y la diplomacia. Las expresiones gestuales, el contacto visual, la postura corporal y otros aspectos de la comunicación no verbal pueden variar entre diferentes culturas. Lo que puede ser percibido como un gesto amistoso y cordial en una cultura podría ser interpretado de manera totalmente diferente en otra. Como ejemplo tenemos que en algunas culturas el contacto físico, como un abrazo o un apretón de manos firme, se considera una señal de respeto y confianza; en otras culturas puede ser visto como invasivo o demasiado familiar. Del mismo modo, el contacto visual directo puede ser interpretado como un signo de sinceridad y compromiso en algunas culturas, mientras que en otras puede ser considerado como una falta de respeto o, incluso, desafiante.

Al interactuar con individuos y delegaciones de diferentes culturas, los líderes políticos deben ser especialmente sensibles a estas diferencias culturales para evitar malentendidos y conflictos innecesarios. La capacidad de adaptarse y mostrar respeto hacia las normas culturales de los demás es esencial para establecer relaciones de confianza y colaboración en el ámbito político internacional. Por lo tanto, los líderes políticos deben estar conscientes de las diferencias culturales en la comunicación no verbal y buscar formarse en competencia intercultural para garantizar una comunicación efectiva y respetuosa en todas las interacciones políticas, ya sea a nivel nacional o internacional. Esta sensibilidad cultural puede ayudar a construir puentes entre culturas diversas y fomentar una cooperación más sólida y armoniosa en la arena política global.

Ética en la manipulación de audiencias

La ética en el uso estratégico de la comunicación no verbal es un tema relevante en el ámbito político, donde los líderes a menudo recurren a tácticas comunicativas para influir en la percepción pública y lograr sus objetivos. Si bien es común emplear la comunicación no verbal de manera estratégica, es fundamental que los líderes políticos establezcan límites éticos claros para evitar la manipulación indebida.

El uso inapropiado de la comunicación no verbal con el propósito de influir de manera engañosa puede tener consecuencias negativas significativas. En primer lugar, socava la confianza pública en los líderes y en las instituciones políticas, lo que puede erosionar la legitimidad del gobierno y minar la cohesión social. Cuando los ciudadanos perciben que se les está manipulando o engañando, es probable que se sientan desilusionados y desconectados del proceso político, lo que puede llevar a una mayor desconfianza y apatía cívica. En la actualidad, con el auge de la información digital, la hemeroteca y la transparencia, resulta cada vez más complicado para los líderes políticos esconder sus intenciones manipulativas. Las redes sociales y otros medios de comunicación posibilitan la rápida difusión de información y el escrutinio minucioso de las acciones y discursos de los líderes. Por lo tanto, el empleo indebido de la comunicación no verbal con el fin de influir en la opinión pública se torna cada vez más arriesgado, ya que eventualmente la verdad saldrá a la luz y los líderes serán evaluados por sus acciones. ¡Es imposible esconderse!

Aunque la comunicación no verbal puede ser una herramienta efectiva en el repertorio de un líder político, es esencial que se utilice de manera ética y responsable. Los líderes deben reconocer los límites éticos en la manipulación y esforzarse por mantener la confianza del público a través de una comunicación auténtica y transparente. No es lo mismo manipular que persuadir. En última instancia, la integridad y la ética en la comunicación son vitales para fortalecer la democracia y fomentar una sociedad justa y equitativa.

LIDERAZGO EN LA COMUNICACIÓN: BARACK OBAMA

«Ser un líder es identificar el poder en las otras personas
y potenciarlo, dejarlo que crezca y se desarrolle.
Ser un líder es tener agencia y empoderar a los demás»

Barack Obama

El cuadragésimo cuarto presidente de los Estados Unidos realmente entendió cómo conectar con la gente a través de su lenguaje corporal y expresiones faciales. No solo era un gran orador, sino que su manera de moverse, sus gestos y su mirada transmitían autenticidad y cercanía. Durante sus discursos, Barack Obama no solo hablaba con palabras, sino que también se comunicaba con sus ojos, sus manos y su postura, lo que hacía que la audiencia se sintiera verdaderamente involucrada y conectada.

Además, el exmandatario sabía cómo usar su voz de manera efectiva. Podía ajustar su tono y su ritmo para transmitir emoción, hacer énfasis en puntos importantes o crear expectativa. Esto no solo hacía que sus discursos fueran más interesantes de escuchar, sino que también aumentaba el impacto de su mensaje. Otro de los aspectos más poderosos de la comunicación no verbal de

Obama era su manejo de los silencios. Sabía cuándo hacer una pausa estratégica para permitir que sus ideas fueran absorbidas por la audiencia, añadiendo profundidad y énfasis a su discurso.

Durante sus apariciones públicas, la mirada de Obama era simplemente cautivadora. Era evidente cómo la dirigía de un lado a otro, haciendo que cada persona en la audiencia se sintiera reconocida, atendida y valorada. Esto creaba una conexión emocional y un liderazgo político tan potente que iba más allá de las palabras.

Un ejemplo destacado que ilustra las habilidades de comunicación de Barack Obama se dio en su discurso en la Convención Nacional Demócrata de 2004 en Boston. En aquella ocasión, el hoy expresidente, era solo un candidato desconocido y joven senador por Illinois, pero los 18 minutos que duró su discurso fueron tan memorables que hoy se sigue considerando el momento inaugural de su rápido camino hacia la Casa Blanca y donde se sentaron las bases para su posterior llegada a la presidencia de los Estados Unidos.

El joven Obama anunciaba de forma oficial su candidatura presidencial por el Partido Demócrata para las presidenciales del año 2008. Con sólo 45 años, se convirtió en una sorprendente opción de victoria para el Partido Demócrata. Hijo de una madre blanca de Kansas y de un padre negro de Kenia, Obama, representó la primera oportunidad real de que alguien de su raza llegara a la Casa Blanca. Y llegó, cautivando a millones de personas con un mensaje de esperanza y unidad. Sus maneras, su mirada, su capacidad de contar las cosas y no decirlas al leer un papel contribuyeron, y mucho, al éxito en aquella convención y posteriores comparecencias públicas.

«No hay un Estados Unidos liberal y un Estados Unidos conservador: hay un Estados Unidos de América», dijo. «No hay un Estados Unidos negro y un Estados Unidos blanco, latino o asiático: hay un Estados Unidos de América», siguió, utilizando las fórmulas de repetición, triadas y comparaciones tan características de sus discursos.

David Kusnet, quien fuera jefe de discursos del presidente Bill Clinton, afirmó que uno de los factores determinantes de su éxito es la forma en que inserta sus discursos dentro de la tradición retórica de Estados Unidos, conectando con el público, porque sabe hablarle en su mismo idioma y ese idioma no es el inglés, sino el «estadounidense».

Otra respuesta a su éxito como líder político es el uso que hace del lenguaje, coloquial e informal, en la referencia a grandes escritores estadounidenses como Mark Twain o Ernest Hemingway. A cambio, su estilo contrasta con el de Donald Trump, quien en su discurso de aceptación de la candidatura republicana no hizo ninguna referencia a nadie, salvo a sí mismo. Dos estilos diferentes y que, en cualquier caso, emocionan y movilizan, cada uno a su manera claro está. Los discursos de Barack, en especial los de campaña, con sus grandes eslóganes como *«Yes, we can»* («Sí, podemos»), recuerdan también a los movimientos sociales de la década de 1960 con una gran base religiosa. Al igual que Bill Clinton, cuando habla parece que lo hace desde un púlpito, explica Kusnet. Sus alocuciones tienen con frecuencia la estructura de un sermón: empieza encontrando puntos en común con la audiencia, para luego plantearles un reto y finalmente terminar llevándolos a un lugar mejor que el del inicio, una muestra clara de liderazgo carismático y transformacional que veremos más adelante.

Ha quedado demostrado que la habilidad de Obama para comunicarse sin palabras fue clave en su éxito político. No solo construyó una imagen de líder carismático y cercano, sino que también ganó la confianza y el apoyo de millones de personas a través de una conexión emocional pocas veces vista y tan analizada por expertos en *neuromarketing* político. Su legado en el arte de la comunicación no verbal perdurará como uno de los aspectos más destacados de su paso por la política estadounidense.

YES, WE CAN!

PRINCIPALES TIPOS DE LIDERAZGO POLÍTICO

«Un líder es un repartidor de esperanza»

Napoleón Bonaparte

A lo largo de la historia, hemos observado una diversidad de estilos de liderazgo, cada uno con características y consecuencias muy dispares.

Vamos a explorar detenidamente los principales estilos de liderazgo y, aunque los clasificaremos en diferentes categorías, es importante tener en cuenta que estas pueden variar y ser estudiadas desde diferentes perspectivas. Desde regímenes autoritarios hasta democracias, y desde liderazgo transformacional hasta el más carismático y ético, hay múltiples formas de ejercer el liderazgo en la política, en el pasado, en el presente, y quién sabe cómo será en el futuro. Los regímenes autoritarios se caracterizan por la concentración de poder en manos de un líder o un pequeño grupo. En este estilo de gobernanza, las decisiones se toman de forma unilateral y la participación ciudadana es limitada, en muchos casos nula. Aunque este estilo puede ser eficiente para implementar políticas con celeridad,

también puede resultar en la supresión de la libertad y los derechos individuales.

En contraste, las democracias se fundamentan en la participación activa de los ciudadanos, el respeto a las leyes y la división
de poderes. Los líderes democráticos son elegidos mediante
elecciones libres y justas, y están sujetos al escrutinio público y al
cumplimiento de la ley. Aunque este tipo de liderazgo puede re-
querir más tiempo para llegar a decisiones debido a la importancia
del consenso y el debate, fomenta la inclusión y la diversidad de
puntos de vista. El liderazgo transformacional se centra en inspirar
y motivar a las personas para alcanzar cambios significativos y
perdurables. Los líderes transformacionales suelen ser visionarios
y carismáticos, capaces de articular una visión convincente del
futuro y movilizar a otros hacia ella. Este estilo de liderazgo puede ser muy valioso en momentos de cambio y crisis, cuando es
necesario desafiar el *statu quo*. El liderazgo carismático se apoya
también en la personalidad y el encanto, ejerciendo una fuerte
influencia sobre los seguidores.

Si bien este tipo de liderazgo puede ayudar para inspirar
lealtad y entusiasmo, también puede conducir a decisiones im-
pulsivas o irracionales.

El liderazgo ético se basa en principios y valores morales,
donde el líder actúa con integridad y responsabilidad hacia el bien
común. Este estilo promueve la transparencia, la honestidad y la
rendición de cuentas, y puede ser esencial para restaurar la confianza pública en momentos de crisis o corrupción. Al examinar

ejemplos históricos y contemporáneos, podemos comprender la complejidad de cada estilo de liderazgo y su impacto en las decisiones y el destino de las sociedades que representan. No creo que exista un estilo de liderazgo que sea mejor o más exitoso, ya que su efectividad depende del contexto histórico, social y cultural en el que se aplique. Cada estilo tiene sus propias ventajas, desventajas y desafíos, y su impacto varía según las circunstancias específicas en las que se encuentre.

Liderazgo autoritario

El poder está centralizado, no hay dispersión, no hay duda. El liderazgo autoritario ha sido una constante a lo largo de la historia, caracterizado por la concentración del poder en manos de un líder o un pequeño grupo. En el siglo XX, dos figuras destacan por su aplicación extrema de este estilo: Adolf Hitler en la Alemania nazi y Joseph Stalin en la Unión Soviética.

Ambos líderes ejercieron un control totalitario, suprimiendo la oposición, silenciando la disidencia y tomando decisiones unilaterales que alteraron el curso de la historia. De manera más reciente, en la actualidad, dirigentes como Vladimir Putin en Rusia y Xi Jinping en China representan formas más «moderadas» de liderazgo autoritario. Aunque mantienen un control firme sobre sus respectivos países, han aprendido de las lecciones de la historia y buscan equilibrar el control con la estabilidad social. No obstante, obtienen críticas sobre la falta de participación ciudadana y la restricción de libertades individuales bajo estos regímenes.

Liderazgo democrático

Esta tipología se distingue por la participación activa de la población en la toma de decisiones políticas. A lo largo de la historia, líderes como Franklin D. Roosevelt en Estados Unidos han personificado este estilo, enfrentándose a desafíos como la Gran Depresión y la Segunda Guerra Mundial con una forma de liderar basada en el consenso y la inclusión.

En España, Manuela Carmena, quien fuera alcaldesa de Madrid de junio de 2015 a junio de 2019, representó un claro ejemplo de liderazgo democrático. Procedente de una destacada carrera como jueza, Manuela Carmena llevó a cabo una gestión caracterizada por la participación ciudadana y la apertura en la toma de decisiones.

Durante su mandato, Carmena implementó iniciativas para promover la transparencia y la participación directa de los ciudadanos en la vida política de la ciudad. Se impulsaron procesos de presupuestos participativos, permitiendo a los madrileños proponer y votar proyectos para destinar fondos municipales. Además, se establecieron canales de comunicación directa con la ciudadanía, fomentando el diálogo abierto y la escucha activa. Carmena también destacó por su dedicación a cuestiones sociales, como la vivienda y la igualdad, buscando políticas inclusivas que abordaran las necesidades de diversos sectores de la sociedad madrileña.

Su estilo de liderazgo democrático reflejó un compromiso con la participación ciudadana y la construcción de consensos, buscando transformar Madrid de manera colaborativa. Aunque su mandato concluyó en 2019, su legado destaca cómo el liderazgo democrático puede generar un impacto positivo a nivel local.

Liderazgo transformacional

Se trata de un liderazgo que se fundamenta en el cambio a lo largo del tiempo. El liderazgo transformacional se centra en inspirar a los seguidores a lograr metas más elevadas de lo que podrían alcanzar de manera individual. Nelson Mandela, líder del movimiento *antiapartheid* en Sudáfrica, personifica este tipo de liderazgo. Mandela no solo abogó por la igualdad racial y la reconciliación, sino que también lideró la transición de Sudáfrica hacia una democracia multirracial.

Margaret Thatcher, la Dama de Hierro, emergió como una figura transformadora en la política británica del siglo XX. Su liderazgo, durante su mandato como primera ministra del Reino Unido de 1979 a 1990, dejó una marca indeleble en la historia contemporánea. Thatcher llegó al poder en un momento clave para el Reino Unido, enfrentando desafíos económicos y sociales.

Hace muy poco vi un documental en Netflix sobre su vida que es muy ilustrativo de la Dama de Hierro, muy recomendable para conocer su ascenso al poder, de sus humildes comienzos hasta que se convirtió en la primera mujer en ser primera ministra de la Gran Bretaña. Su liderazgo transformacional se manifestó en la implementación de políticas audaces conocidas como thatcherismo. Abogó por la reducción del papel del Estado en la economía, promoviendo la libre competencia y la iniciativa privada. Su manera de hacer política, basada en principios liberales y conservadores, transformó la estructura económica del país y generó una ola de reformas que redefinieron el panorama político de los británicos.

Su autoridad también destacó por su firmeza en la escena internacional, especialmente durante la Guerra de las Malvinas en 1982, donde la respuesta militar británica bajo su dirección demostró determinación y liderazgo resuelto. El legado de Thatcher está marcado por la controversia, esa es la realidad. Mientras algunos la ven como una líder transformacional que revitalizó la economía y restauró la confianza británica, otros critican las consecuencias sociales de sus políticas, como la desigualdad y la desindustrialización.

Sin importar las opiniones divergentes, la forma de liderar de Margaret Thatcher se mantiene como un fenómeno fascinante en la historia política. Su capacidad para desafiar el *statu quo* y tomar decisiones decisivas, incluso en medio de la oposición, la convierte en un ejemplo perdurable de cómo el liderazgo femenino puede remodelar naciones y dejar un impacto duradero en la historia.

Liderazgo carismático

Se basa en la personalidad magnética y la capacidad de persuasión del líder. En momentos críticos de la historia, figuras como John F. Kennedy y Winston Churchill han demostrado cómo el carisma puede ser una fuerza movilizadora. Kennedy, con su carisma y oratoria, inspiró a una nación en la Guerra Fría, mientras que Churchill, con su elocuencia, guio a Gran Bretaña durante la Segunda Guerra Mundial. Líderes carismáticos como Justin Trudeau en Canadá y Barack Obama en Estados Unidos han capturado la atención global. Sus habilidades de comunicación y carisma han influido en la percepción pública y han sido clave para movilizar el apoyo en momentos críticos. Sin embargo, la gestión cuidadosa del carisma es esencial, ya que puede llevar al culto a la personalidad y eclipsar la racionalidad en la toma de decisiones.

En la década de 1980, España experimentó un renacer político bajo el liderazgo carismático de Felipe González, una figura que dejó una huella profunda en la historia democrática del país.

Al frente del Partido Socialista Obrero Español (PSOE), González encarnó un estilo de liderazgo que trascendió la política tradicional, cautivando a una nación en plena transición democrática. González ascendió a la presidencia del Gobierno español en 1982, convirtiéndose en el primer presidente socialista desde la Guerra Civil. Su carisma y habilidades oratorias fueron armas poderosas que utilizó para conectar con una sociedad ansiosa de cambio y modernización.

¿Quién no recuerda su chaqueta de pana? Su discurso apasionado, impregnado de optimismo y progreso, caló, y mucho, entre la juventud de la época y en los sectores progresistas de aquel entonces. El líder andaluz no solo representó una alternativa política, sino también un símbolo de ruptura con el pasado autoritario. Su carisma radicaba en la capacidad para inspirar confianza y esperanza en un futuro democrático y plural. González logró personificar la transformación que España anhelaba y necesitaba.

El estilo carismático de Felipe González se manifestó no solo en sus discursos vibrantes, sino también en su habilidad para movilizar a las masas y construir coaliciones políticas sólidas.

Con un magnetismo innegable, supo establecer una conexión emocional con la ciudadanía, marcando una época en la que la política española experimentó una profunda renovación. Su liderazgo político no estuvo exento de controversias y desafíos, pero a lo largo de sus cuatro mandatos consecutivos, González se consolidó como un líder que dejó una profunda huella en la modernización y consolidación democrática de España.

Su legado no solo se mide en términos políticos, sino también en el impacto emocional y cultural que tuvo en una nación que buscaba definir su identidad en la era democrática.

Liderazgo ético

El liderazgo ético se fundamenta en la adhesión a principios morales y valores. Mahatma Gandhi, con su ejemplo de resistencia no violenta, lideró la lucha por la independencia de la India. Su ética se convirtió en un faro para movimientos posteriores y dejó una huella imborrable en la historia. De manera más reciente, Sanna Marin ha emergido como una líder que encarna los principios fundamentales del liderazgo ético. Su trayectoria, marcada por la juventud y una perspectiva progresista, ha dejado una impronta significativa en la política finlandesa y en la percepción global del liderazgo político.

Nacida en 1985, Marin se convirtió en la primera ministra más joven de la historia de Finlandia, un hito que refleja la apertura del país escandinavo hacia una nueva generación de líderes comprometidos con la ética y la equidad. Sus principios éticos se han manifestado en diversas áreas, consolidando un liderazgo que abraza la diversidad y la justicia social. Uno de los pilares del liderazgo ético de Marin es su compromiso con la igualdad de género y la representación diversa en la política. Su gabinete, compuesto en su mayoría por mujeres jóvenes, es un testimonio de su dedicación a romper barreras y proporcionar modelos a seguir para las generaciones futuras. Además, ha abogado por políticas que promueven la conciliación entre la vida laboral y personal, reconociendo la importancia de apoyar a las familias y fomentar la igualdad de oportunidades.

El progresismo de la joven política también se refleja en su compromiso con la sostenibilidad y la acción climática. Finlandia ha asumido un papel destacado en la lucha contra el cambio climático bajo su liderazgo, adoptando políticas ambiciosas para reducir las emisiones y avanzar hacia una economía más sostenible. Su encuadre ético considera las generaciones futuras y la responsabilidad de preservar el medio ambiente para las posteridades.

El liderazgo ético de Sanna se extiende más allá de las fronteras de Finlandia, sirviendo como un faro de esperanza y progresismo en un mundo donde los desafíos éticos y sociales son cada vez más apremiantes. Su capacidad para traducir valores éticos en acciones tangibles refuerza la idea de que el liderazgo basado en la ética no solo es una opción deseable, sino una necesidad imperativa en la construcción de un futuro más justo y sostenible.

Mariano Rajoy, expresidente del Gobierno español y líder del Partido Popular (PP), es un ejemplo de liderazgo ético en el contexto de la política de derechas en España. Durante su mandato como presidente del Gobierno desde 2011 hasta 2018, Rajoy enfrentó diversos desafíos, y su enfoque ético se manifestó en varias facetas de su liderazgo. Uno de los aspectos más destacados de su liderazgo fue la gestión de la crisis económica que afectó a España durante su mandato. Rajoy implementó medidas para estabilizar la economía, reducir el déficit y restaurar la confianza en los mercados financieros. Para muchos, medidas necesarias; para otros, una ayuda a los que menos la necesitaban: la banca.

Además, Rajoy abogó por la unidad de España en medio de tensiones políticas, sobre todo en relación con el desafío independentista en Cataluña. Su liderazgo se reflejó en la defensa de la legalidad y la Constitución, buscando preservar la unidad del país respetando los principios democráticos. En cuanto a la transparencia y la lucha contra la corrupción, Rajoy implementó medidas para mejorar la integridad en la política y fortalecer las instituciones. En este aspecto buscó restaurar la confianza de la ciudadanía en las instituciones gubernamentales. Aunque su mandato estuvo marcado por diversos retos y críticas, el trabajo de Mariano Rajoy en la política española destacó la importancia de la responsabilidad, la estabilidad y la integridad en la toma de decisiones gubernamentales.

Luego, a través de una moción de censura desde el PSOE y su líder Pedro Sánchez, perdió la presidencia nacional. El resto ya es historia.

A medida que hemos ido explorando los diversos tipos de liderazgo a lo largo del tiempo y en la actualidad, se revela la complejidad de cada uno de ellos y su impacto social. Desde la centralización del poder hasta la búsqueda de la participación democrática y la inspiración transformacional, cada modelo ha dejado una huella significativa en el devenir de los pueblos.

La ética, el carisma y la conexión con la audiencia están estrechamente relacionados con el liderazgo, moldeando el curso de los pueblos y dejando un legado político y social a través del tiempo. En este breve análisis, he querido dejar lo más claro posible que el liderazgo político es un fenómeno para nada estático, cuyas manifestaciones continúan evolucionando a medida que las sociedades y sus retos cambian. Como decía Mercedes Sosa, la cantante argentina, todo cambia.

EL LIDERAZGO DE DONALD TRUMP

El ascenso de Donald Trump a la presidencia de los Estados Unidos en 2016 marcó un capítulo inolvidable en la historia política mundial, salió del Gobierno americano y está de vuelta.

Proveniente de una exitosa carrera empresarial y un destacado papel en el ámbito mediático, Trump irrumpió en el escenario político con un estilo disruptivo que generó fervientes seguidores y críticos igualmente apasionados. Este análisis personal indaga en los múltiples aspectos de su liderazgo, explorando sus políticas, el estilo de comunicación, el impacto en la política global y el duradero legado de su mandato y, quién sabe, si también de su regreso a la primera línea de la política actual.

La transición de magnate empresarial a presidente fue un viaje singular, esa es la realidad. Trump, conocido por su éxito en el sector inmobiliario y su presencia en la televisión, aprovechó su notoriedad para conectar con un electorado que buscaba un cambio radical. Tenía gran parte del camino ya recorrido. La campaña se centró en la promesa de romper con las estructuras establecidas, llamando la atención entre aquellos desencantados con la política convencional. Unos lo llaman populismo; otros, en cambio, lo definen como valentía.

El estilo de Trump se centra en una comunicación extrovertida y esa es una de las características asociadas a su liderazgo.

Aprovechando las redes sociales como X, la antigua Twitter, para comunicarse directamente con millones de seguidores, evitó en gran medida a los canales de comunicación tradicionales. Su retórica directa y, a veces, incendiaria generó para gran parte de la opinión pública americana polarización política, consolidando una base de seguidores leales mientras alienaba a críticos. La prensa tradicional en sus inicios no supo cómo abordar el ataque de Trump. Luego llegaron las políticas más domésticas que se centraban en el lema *«American First»*.

Las reformas fiscales, la desregulación y la nominación de jueces conservadores fueron pilares de su agenda. La gestión de la inmigración ilegal, simbolizada por la propuesta de construir un muro en la frontera sur, también fue un tema vital durante su mandato. En el ámbito internacional, Trump adoptó un estilo extrovertido y, en ocasiones, disruptivo. La retirada de acuerdos multilaterales como el Acuerdo de París y el Acuerdo Nuclear con Irán generaron controversia. Su relación con líderes internacionales, incluida la histórica cumbre con Kim Jong-un, de Corea del Norte, fue una faceta significativa de su política exterior. También le tocó gestionar la pandemia del COVID-19, convirtiéndose en un desafío monumental durante su mandato.

Desde un momento inicial de minimización del riesgo hasta la implementación de la Operación *Warp Speed* para acelerar el desarrollo de vacunas, la respuesta de Trump a la crisis de salud pública fue objeto de intensa atención y debate. El impacto económico de las políticas de Trump generó opiniones divididas. Se le atribuye parte del éxito económico prepandémico a medidas como la reforma fiscal, aunque la distribución equitativa de los beneficios económicos sigue siendo objeto de controversia. El mando de Trump estuvo envuelto en numerosos capítulos de crispación y controversias, como su primer juicio político. La gestión de las protestas por la injusticia racial y su respuesta a situaciones de crisis generaron a menudo críticas y debates intensos, muchos de los cuales continúan hoy en día. Con su salida de la presidencia en 2021, Trump dejó una amplia huella que sigue influyendo en la política estadounidense. Quién no recuerda o recordará cuando, al calor de sus arengas, miles de seguidores propiciaron el asalto al Capitolio de los Estados Unidos en enero de 2021. El liderazgo de Donald Trump, al margen de las opiniones que suscite, ha dejado una marca indeleble en la política más reciente. Este análisis solo ha pretendido ofrecer una visión un tanto genérica de su mandato, reconociendo tanto sus logros como sus desafíos, y proporciona un marco para comprender su impacto duradero en la política y en la sociedad

En el primer mitin de su campaña presidencial de 2024, el expresidente Donald Trump declaró: «Yo soy su castigo». Más tarde, prometió utilizar el Departamento de Justicia para perseguir a sus adversarios políticos, empezando por el presidente Joe Biden y su familia. Detrás de estas amenazas públicas hay una serie de planes un tanto anticipados de Trump y sus aliados, que, según medios como el *The New York Times,* pondrían en jaque elementos fundamentales de la gobernanza como la política exterior, la democracia y el Estado de derecho de Estados Unidos si regresa a la Casa Blanca.

La postura de Donald Trump sigue siendo tan crítica, o más, contra la inmigración que en su etapa anterior como presidente. El exgobernante vuelve a hacer de este asunto el eje principal de su campaña o, al menos, uno de ellos, aprovechando imágenes de inmigrantes durmiendo en comisarías de policía como supuesta prueba de que las políticas del presidente actual Joe Biden han fracasado. Algunos de estos temas se remontan al periodo final del mandato de Trump. Para entonces, sus asesores clave habían aprendido a ejercer el poder con mayor eficacia y Trump había despedido a funcionarios que se resistían a algunos de sus impulsos y los había sustituido por partidarios más de su línea y más leales. Entonces, perdió las elecciones de 2020 y tuvo que abandonar el poder de los Estados Unidos.

Su caso es tan excepcional y llamativo que en la política estadounidense su caída y ascenso pueden estudiarse en las escuelas
de liderazgo político: Trump, seguro de sí mimo y cómodo más
que nadie en la improvisación y el caos.

MAKE AMERICA GREAT AGAIN!

EL LIDERAZGO DE ISABEL DÍAZ AYUSO

Esta es la segunda vez en tan solo dos años —¿quién me lo iba a decir?— que me enfrento al reto más apasionante de toda mi vida: ser presidenta de la Comunidad que me vio nacer, y donde he estado casi siempre, la Comunidad donde se encuentra lo más importante que tengo: mi familia, amigos y vecinos. Pero también vuelvo a ser presidenta de una región claramente especial, de ciudadanos valientes y solidarios, donde nos hemos dado una forma de vida única. Aunque a los madrileños, precisamente porque venimos de todas partes, a veces se nos olvida la suerte que supone vivir aquí, de la sociedad que hemos formado, esta Comunidad ha visto de todo y que nos acoge a todos.

Así comenzaba su discurso de investidura del año 2021 Isabel Díaz Ayuso, la presidenta del Partido Popular de la Comunidad de Madrid. Una figura controvertida y prominente, conocida por su habilidad para hablar en público, su carisma y su forma de enfrentarse al gobierno central. Ayuso ha captado la atención tanto a nivel nacional como internacional desde que asumió el cargo de presidenta de la Comunidad de Madrid en 2019. Sus continuas desavenencias con la presidencia de Pedro Sánchez y el gobierno de la nación la han colocado en el escaparate mediático y en primera línea de la opinión pública.

Desde el momento en que asumió el cargo, Ayuso ha adoptado una forma de plasmar sus políticas de manera diferente, caracterizado por su discurso firme en defensa de los valores conservadores y su actitud proactiva en la gestión de los asuntos de la Comunidad de Madrid. Su estilo directo y sin rodeos ha sido avalado entre muchas de las personas que viven en la Comunidad de Madrid, generando tanto fervientes seguidores como críticos acérrimos en casi igual medida. Una de las facetas más destacadas del liderazgo de Isabel Díaz Ayuso ha sido su manejo de la crisis de salud pública desencadenada por la pandemia de COVID-19. En un momento en que la enfermedad y el miedo se extendían por toda España, Ayuso adoptó una postura decidida y, equivocada o acertadamente, defendió una estrategia de contención menos restrictiva y más enfocada en proteger la economía y las libertades individuales. Esta postura, aunque generó mucha crítica y alarma social, ha sido respaldada por muchos madrileños y ha contribuido a consolidar su imagen como una lideresa audaz y contundente en tiempos de crisis.

Otro aspecto notable del liderazgo de Ayuso ha sido su forma de revitalizar la economía y promover el sector privado en la Comunidad de Madrid. A través de políticas favorables a las empresas y la promoción de la inversión extranjera, ha buscado posicionar a Madrid como un centro económico y financiero de primer nivel en Europa. Sus esfuerzos han sido elogiados por algunos como un motor de crecimiento y desarrollo, mientras que otros han expresado preocupaciones sobre el posible aumento de las desigualdades sociales y la precarización laboral. Un ejemplo reciente de este apartado económico ha sido la presentación del Gran Premio de Madrid de Fórmula 1. El regreso de este certamen a la ciudad a partir de 2026, 45 años después desde su última prueba deportiva.

Además de su política económica, Isabel Díaz Ayuso ha sido una voz firme en la defensa de los valores conservadores y tradicionales en España. Su oposición al feminismo radical y su defensa de la unidad nacional han generado polarización y debate en la sociedad española, pero también han consolidado su posición como una líder de convicciones fuertes y principios sólidos. Sus críticos y competidores políticos la han acusado de polarizar la sociedad con su retórica divisiva y de priorizar los intereses económicos sobre el bienestar social. Además, el ya pasado manejo de la pandemia ha ido de vez en cuando saliendo a la palestra, de manera especial en lo que respecta a la falta de preparación y la respuesta inicial a la crisis sanitaria. A pesar de estos desafíos, Isabel Díaz Ayuso ha logrado mantenerse firme y consolidar su posición como una figura central en la política española. Su aplastante victoria en las elecciones autonómicas de 2021, donde el Partido Popular obtuvo una mayoría absoluta en la Asamblea de Madrid, fue un claro respaldo a su liderazgo y su visión para la Comunidad de Madrid.

El liderazgo de Isabel Díaz Ayuso representa un fenómeno político único en España, caracterizado por su estilo extrovertido, audaz y su determinación inquebrantable. A medida que continúa su trayectoria en la política española, su legado y su impacto en la sociedad seguirán siendo objeto de debate y análisis en los años venideros. ¡Hay Ayuso para rato!

EL LIDERAZGO DE JAIR BOLSONARO

El telón se levantó en 2019, revelando a Jair Bolsonaro en el escenario político de Brasil. Exmilitar y congresista de larga data, su entrada en la presidencia marcó el comienzo de un capítulo definido por el contraste, los altibajos políticos y los desafíos constantes de la nación brasileña. Bolsonaro, con su trayectoria militar y su retórica sin filtro, conquistó la atención del electorado brasileño en las elecciones de 2018. Su ascenso al poder, impulsado por un descontento generalizado con la política tradicional (suele ocurrir en la mayoría de civilizaciones), prometió un cambio radical. Desde entonces, ha llevado a Brasil por un camino marcado por políticas conservadoras y un estilo de liderazgo que provocó reacciones apasionadas. Su estilo de liderazgo, enraizado en la franqueza y la falta de filtros, ha sido tan distintivo como polarizador, sobre todo, polarizador. Bolsonaro se comunica por vía directa con la población a través de las redes sociales, desafiando las normas tradicionales de la política. Sin embargo, su retórica controvertida ha generado tanto seguidores apasionados como críticos vehementes, creando una división palpable en la sociedad brasileña. La economía, un pilar esencial de su agenda, ha sido testigo de políticas que buscan fomentar el desarrollo económico y reducir la burocracia; en ese sentido, Milei en Argentina siguió el mismo patrón. La apertura a la inversión extranjera y la reforma de las pensiones han sido decisiones clave, aunque han enfrentado resistencia y críticas por su impacto en los estratos más vulnerables de la sociedad.

Esta dirección económica ha planteado interrogantes sobre la equidad y la distribución de la prosperidad en Brasil. El liderazgo del brasileño ha enfrentado desafíos significativos: desde la gestión de crisis ambientales hasta la respuesta a la pandemia de COVID-19. Los incendios forestales en la Amazonía pusieron a prueba su capacidad para equilibrar el desarrollo económico con la preservación ambiental, generando tensiones tanto a nivel nacional como internacional. Su manejo de la pandemia, minimizando en los inicios la gravedad del virus, provocó debates sobre la gestión de crisis sanitarias y de otra índole en Brasil. En el ámbito internacional, Bolsonaro ha buscado fortalecer la posición de Brasil, adoptando un enfoque pragmático en las relaciones globales.

Su alineación con líderes como Donald Trump y su postura ante organismos internacionales han influido en la percepción de Brasil en la escena mundial. Sin embargo, estas decisiones también generaron amplias críticas y debates sobre la dirección de la política exterior brasileña. El impacto social y los derechos humanos han sido puntos de fricción en su liderazgo. Su postura en temas como la comunidad LGTBI, los pueblos indígenas y otros grupos minoritarios ha generado preocupaciones tanto a nivel nacional como internacional. Las políticas sociales y los derechos fundamentales han sido foco de debate, exponiendo las divisiones en la ciudadanía. Su presidencia es una narrativa compleja, tejida con controversia, desafíos y decisiones significativas que quedarán en la historia política de Brasil.

EL LIDERAZGO DE KAMALA HARRIS

El rugido de la multitud resonó en el Capitolio cuando Kamala Harris juró como vicepresidenta de los Estados Unidos. Imagina ese momento, la historia de Estados Unidos tomaba un giro decisivo, Kamala Harris no solo se convirtió en la primera mujer en ocupar la vicepresidencia, sino también en la primera afroamericana y persona de ascendencia asiática en alcanzar tan alto cargo.

Sin embargo, su liderazgo va más allá de romper barreras; es la encarnación de la evolución en la política estadounidense y una referente política para generaciones venideras.

Desde los primeros días de su carrera, Harris ha tejido una narrativa única: una hija de inmigrantes, nacida en Oakland (California), se sumergió en el servicio público como fiscal del distrito. Su determinación y habilidad para navegar los complejos terrenos legales la impulsaron en muy poco espacio de tiempo a la posición de fiscal general de California. Pero no se detuvo ahí; el Senado fue el siguiente escalón en su ascenso, convirtiéndola en la segunda afroamericana mujer y primera mujer de ascendencia asiática en servir en el Senado de los Estados Unidos. El camino hacia la vicepresidencia no fue fácil. Harris enfrentó críticas, desafíos y dudas, pero su firmeza la llevó a aceptar la nominación demócrata como candidata a la vicepresidencia en 2020.

Su discurso en la Convención Nacional Demócrata caló en millones de estadounidenses y marcó el comienzo de una nueva era. Kamala Harris se representa a sí misma en la Casa Blanca, pero también simboliza la diversidad, la resiliencia y la inclusión. La importancia de su liderazgo radica en la representación genuina que ofrece a una nación que, durante mucho tiempo, ha luchado con la equidad y la inclusión. Mujeres, personas de color y aquellos que han sido marginados encuentran en su autoridad una fuente de esperanza y posibilidad. En el corazón de su agenda se encuentra la justicia.

Harris ha sido una defensora apasionada de la reforma del sistema de justicia penal. Desde sus días como fiscal, donde implementó programas para rehabilitar a infractores no violentos, hasta su tiempo en el Senado, abogando por reformas legislativas para abordar la discriminación racial y la brutalidad policial, su liderazgo ha estado marcado por un compromiso constante con la igualdad y la justicia. En su papel en la escena internacional, Harris ha buscado fortalecer las relaciones con aliados y abordar desafíos globales. Su defensa de la diplomacia se centra en construir puentes y fortalecer la posición de Estados Unidos en el escenario mundial. Su participación activa en la arena global ha sido elogiada por algunos y criticada por otros, pero su liderazgo ha dejado una marca en la narrativa de la política exterior estadounidense.

Algunos de sus logros y políticas más destacadas son:

- Primera vicepresidenta de los Estados Unidos: el logro más significativo de Kamala Harris es convertirse en la primera mujer, la primera afroamericana y la primera persona de ascendencia asiática en ocupar el cargo de vicepresidenta de los Estados Unidos. Este hito histórico ha roto barreras y ha inspirado a mujeres y personas de color en todo el mundo.

- Fiscal general de California: antes de llegar a la vicepresidencia, Harris fue fiscal general de California, convirtiéndose en la primera mujer, la primera afroamericana y la primera persona de ascendencia asiática en ocupar ese cargo en el estado. Durante su mandato, se centró en temas como la reforma del sistema de justicia penal y la defensa de los derechos civiles.

- Senadora de los Estados Unidos: Kamala Harris fue elegida senadora por California en 2016, convirtiéndose en la segunda mujer afroamericana y la primera mujer de ascendencia asiática en representar al Estado en el Senado de los Estados Unidos. Durante su tiempo como senadora desempeñó un papel destacado en comités clave y abogó por diversas cuestiones, incluidos los derechos de las mujeres y la reforma del sistema de justicia.

- Reformas en el sistema de justicia penal: como fiscal general de California, Harris implementó varias reformas en el sistema de justicia penal. Se centró en programas de rehabilitación para infractores no violentos, abogó por la reducción de las penas para ciertos delitos no violentos y trabajó en la mejora de la relación entre la policía y las comunidades.

- Participación en la escena internacional: como vicepresidenta, Harris ha desempeñado un papel importante en las relaciones internacionales y la diplomacia. Ha mantenido conversaciones con líderes mundiales, abordando cuestiones esenciales como la crisis climática, la pandemia de COVID-19 y la migración.

- Respuesta a la Pandemia de COVID-19: Kamala Harris ha estado involucrada en la respuesta del Gobierno de Estados Unidos a la pandemia de COVID-19. Ha abogado por la distribución equitativa de las vacunas, el apoyo a los trabajadores esenciales y la implementación de medidas para abordar los impactos económicos y sociales de la pandemia.

- Promoción de la igualdad de género: a lo largo de su carrera, Harris ha sido una defensora constante de la igualdad de género. Ha abogado por la igualdad salarial, la protección de los derechos reproductivos y la promoción de oportunidades para las mujeres en diversos campos. A medida que Harris avanza en su mandato, su legado comienza a tomar forma.

¿Cómo será recordada? ¿Qué impacto tendrá en la política estadounidense y en la percepción global de la nación? Estas preguntas se entrelazan con la evolución de su liderazgo. Su papel en la construcción de un Estados Unidos más inclusivo y plural dejará legado en el país con casi toda seguridad.

¿Estaremos ante la primera mujer presidenta de los Estados Unidos?

Kamala Harris no solo conduce su liderazgo; también está tejiendo una herencia. Su liderazgo es una historia de resistencia, determinación y cambio. Al romper barreras, abrazar la diversidad y enfrentar desafíos con valentía, Harris ha trascendido las limitaciones del tiempo y ha dejado una huella imborrable en la historia política de los Estados Unidos. Su liderazgo es un faro de esperanza, recordándonos que, en la diversidad, encontramos nuestra mayor fortaleza y la clave para un futuro más brillante.

EL LIDERAZGO DE MILEI

La política argentina, históricamente cargada de matices y tensiones, recibió sin esperarlo a un protagonista inusual en los últimos años: Javier Gerardo Milei. Con su estilo directo, discursos apasionados y una retórica *antiestablishment,* Milei ha emergido como una figura polémica y extrovertida en el panorama político argentino.

¿Cuáles han sido las claves de su victoria, de su liderazgo, las razones detrás de su ascenso y el impacto que ha tenido en la escena política y social del país?

Antes de su incursión en la política, Milei ya había dejado su marca en el mundo académico y económico. Con una formación en economía, sus opiniones y análisis críticos sobre las políticas económicas argentinas le otorgaron visibilidad en los medios y lo convirtieron en un referente para aquellos que buscaban una perspectiva no convencional. El estilo de liderazgo de Milei destaca por su manera extrovertida de comunicar y su disposición para desafiar todo lo políticamente esperado. «¡Viva la libertad, carajo!». Así cerraba muchos de sus actos públicos y de relación con las masas en Argentina.

Su capacidad para comunicarse de manera clara y apasionada ha resonado entre seguidores y detractores por igual. Analicemos entonces cómo este modelo radical ha definido su liderazgo y ha captado la atención de una parte significativa de la sociedad argentina y mucho más lejos de sus fronteras.

El salto de Milei a la política no fue casualidad. Fundó el partido político La Libertad Avanza, con el objetivo de impulsar sus ideas y principios en el ámbito legislativo. Su hermana también ha jugado un papel decisivo del ascenso del líder argentino.

Una parte fundamental de la presencia de Milei en la política es su retórica incisiva y sus propuestas económicas.

Desde críticas a la intervención estatal hasta la defensa del liberalismo clásico, sus ideas han influido en el debate político en Argentina y cómo han sido recibidas por diferentes sectores de la población. La participación de Milei en las elecciones, y de manera destacada en la Ciudad de Buenos Aires, marcó un hito significativo. Este apartado explorará cómo su presencia influyó en los resultados electorales, así como en la dinámica de la política argentina, desafiando a partidos tradicionales y captando la atención de una porción considerable de votantes. La campaña electoral de Javier Milei en la capital argentina marcó un capítulo inédito en la política del país. Su éxito en las elecciones dejó perplejos a muchos, desafiando las expectativas y consolidando su posición como una figura política influyente. De esta forma, entiendo yo que ganó las elecciones en la Ciudad de Buenos Aires.

Movilización de la base

Una de las estrategias fundamentales de la campaña de Milei fue la movilización de su base de seguidores. Desde el principio, había construido una sólida presencia en las redes sociales, cultivando una comunidad comprometida. Utilizando plataformas como X y YouTube, logró llegar a un público amplio y consolidar un respaldo entusiasta. Su habilidad para movilizar a esta base, compuesta en su mayoría por jóvenes y sectores desencantados con la política tradicional, fue esencial para construir un impulso electoral.

Mensaje *antiestablishment*

El mensaje antisistema de Milei llegó a un segmento significativo de la sociedad que se sentía desencantado con los partidos tradicionales. Su retórica directa y su posición contra la intervención estatal y la corrupción política captaron la atención de aquellos que buscaban una alternativa fresca y radical en el panorama político argentino. Milei se presentó como el candidato que desafiaría las estructuras establecidas y llevaría un abordaje más liberal a la política. ¡Llegó el salvador!

Un carisma excepcional: el carisma personal de Milei desempeñó un papel decisivo en su victoria, de eso no hay duda alguna. Su estilo apasionado y auténtico conectó con un electorado que ansiaba una figura política sin filtros, natural y sin complejos.

Realizó mítines y eventos en los que se dirigió sin desviaciones a la gente, generando una conexión emocional que escapaba de la política convencional. Su habilidad para expresar sus ideas de manera clara y convincente contribuyó a consolidar su imagen como un líder en sintonía con las preocupaciones del ciudadano común.

En cuanto a su campaña electoral, destacó el capítulo innovador, con mensajes claros y vídeos cortos que llegaron a muchos internautas. Utilizó estrategias poco convencionales, como debates abiertos en redes sociales y la viralización de sus discursos más apasionados. Estas tácticas no solo generaron cobertura mediática, sino que también le dieron una ventaja en la carrera electoral. La adopción de nuevas formas de comunicación política lo distinguió de sus competidores y se fusionó con un electorado ávido de propuestas frescas. Milei supo formar alianzas estratégicas con otros sectores afines a sus ideas. La colaboración con partidos y movimientos políticos con visiones similares le permitió ampliar su base de apoyo y fortalecer su posición en la arena política. La construcción de esta coalición amplió su alcance y atrajo a votantes que compartían sus ideales. Quiero destacar la insistencia que tuvo el líder argentino con la desafección generalizada hacia los partidos tradicionales. Este fue un factor determinante en el triunfo de Milei. Muchos votantes, hartos de las tramas de corrupción y las crisis económicas recurrentes, buscaron una opción que representara un cambio significativo. Milei encarnó esa esperanza de cambio y atrajo a aquellos que sentían que la política argentina necesitaba una transformación radical.

No cabe duda de que las redes sociales jugaron un papel central en la campaña de Milei. Su presencia activa y estratégica en plataformas como X le permitió llegar a un público joven y comprometido. La viralización de sus discursos y la interacción constante con sus seguidores contribuyeron a consolidar una presencia digital que trascendió lo convencional. En conjunto, estos factores, desde la movilización de la base hasta la innovación en la comunicación política, contribuyeron a la victoria de Milei en la Ciudad de Buenos Aires. Su triunfo no solo desafió las expectativas, sino que también dejó una huella en la política argentina, señalando un cambio en la forma en que los líderes políticos pueden surgir y captar la atención de un electorado ávido de transformación. El liderazgo disruptivo de Milei no ha estado exento de comentarios y atención de los medios de comunicación. Desde sus enfrentamientos públicos hasta sus declaraciones controvertidas, las polémicas han empezado a moldear su figura y han generado debates sobre la idoneidad de su estilo para la política argentina.

¿Es un líder efímero o representa un cambio más profundo en la dinámica política del país y de la política mundial? El tiempo dirá cuánto recorrido tendrán sus políticas; de momento, ya gobierna la Argentina.

EL LIDERAZGO DE ALEXANDRIA OCASIO-CORTEZ

La historia de Alexandria Ocasio-Cortez es un relato vibrante de superación y liderazgo. Criada en El Bronx de Nueva York, sus raíces en una familia de origen puertorriqueño moldearon su perspectiva desde temprana edad. AOC, como se la conoce, pasó de ser una neófita en la política a una figura emblemática, desafiando las expectativas y redefiniendo el juego político estadounidense. La campaña electoral de 2018 fue el catalizador de su meteórica ascensión.

Enfrentándose al poderoso Joe Crowley en las primarias demócratas de Nueva York, su victoria fue tan sorprendente como inspiradora. Su campaña, impulsada por una estrategia ingeniosa y un mensaje claro, llamó la atención de los más jóvenes y aquellos desencantados con la política convencional. Aquel vídeo de campaña *(The courage to change)* sentó catedra en multitud de campañas políticas americanas y fuera de sus fronteras. Si tienes la oportunidad de verlo, te lo recomiendo. En YouTube sigue ahí con casi dos millones de reproducciones.

El estilo de liderazgo de AOC se forjó en el crisol de la diversidad del Bronx. Su coraje y su autenticidad han sido rasgos distintivos. A través de sus redes sociales, AOC ha tejido una conexión directa con sus seguidores, ofreciendo un vistazo auténtico de su vida y humanizando la política. Las propuestas de Ocasio-Cortez han marcado pautas en el debate político estadounidense. El *Green New Deal,* un ambicioso plan para abordar la crisis climática, y la defensa de *Medicare for All* han definido su plataforma progresista. Si bien estas propuestas han enfrentado críticas, han demostrado ser poderosos catalizadores para el cambio y han influido en la dirección del Partido Demócrata.

Como toda figura prominente, la lideresa política AOC ha enfrentado desafíos y críticas. Desde oponentes políticos hasta tensiones internas en su propio partido, su respuesta ha sido valiente y estratégica. Su habilidad para sortear la adversidad ha consolidado su posición como líder resiliente y ha alimentado el entusiasmo de sus seguidores. El uso hábil de las redes sociales ha sido un componente clave de su liderazgo. A través de platafor-mas como X e Instagram, AOC ha construido una comunidad digital activa y ha utilizado estas herramientas para comunicarse sin intermediarios con el público.

El impacto de Ocasio-Cortez en el Partido Demócrata es innegable. Su presencia ha impulsado el ala progresista del partido y ha desafiado las normas establecidas.

La influencia de AOC es evidente en la creciente importancia de las voces progresistas y en la manera en que ha contribuido a la evolución de las dinámicas internas del partido. A medida que Ocasio-Cortez continúa su travesía política, quizás ha perdido aquel aire de frescura, no lo sé. Las especulaciones sobre cargos más altos y su papel en la configuración del movimiento progresista la mantienen en el centro de la atención política. Su liderazgo, marcado por la valentía y la innovación, ha dejado una huella duradera en el panorama político estadounidense.

En retrospectiva, Alexandria Ocasio-Cortez ha redefinido las expectativas de lo que un líder político puede lograr. Su historia, llena de desafíos superados y logros extraordinarios, continúa inspirando a una nueva generación de políticos y ciudadanos comprometidos con el cambio transformador.

LIDERAZGO EN TIEMPOS DE CRISIS: PEDRO SÁNCHEZ

«Los momentos difíciles no duran.
Los equipos resilientes sí».
Robert Schuller

Los líderes se encuentran muy a menudo al frente de desafíos que requieren habilidades para sortear situaciones difíciles. Crisis.

El actual presidente de España presentó en febrero de 2019 su libro *Manual de Resistencia* y, a la vista está, que no pudo haber elegido mejor título para definir lo que es él y lo que ha sido su carrera política. Echando la vista atrás pocos apostaban por el líder socialista para gobernar el país y ya lo ha hecho en varias legislaturas. Iñaki Gabilondo, uno de los mejores y más reconocidos periodistas del país, lo comparaba con la figura de un boxeador golpeado que intentaba agarrarse a las cuerdas del ring para no caer. Pero ¿qué tipo de líder es Pedro Sánchez? El presidente español es un claro ejemplo de liderazgo resiliente. Entendiendo por resiliencia la capacidad que tiene una persona para hacer frente, superar y adaptarse de manera positiva a situaciones difíciles, adversas o traumáticas. Un líder resiliente es aquel que se adapta a cualquier adversidad y la supera con energía convirtiéndose en un inspirador de logros.

Resiliencia y superación de crisis

La resiliencia está estrechamente ligada a la superación de las crisis, que según el profesor de liderazgo Santiago Álvarez de Mon, experto en liderazgo y comportamiento organizacional, son buenas porque nos desnudan, ponen a prueba el talento, la energía, el instinto de superación. Las crisis requieren que nos paremos a realizar un diagnóstico de la situación y Pedro Sánchez los hace muy rápido ¡y tanto que es así! Un buen ejemplo de ello es cuando el pasado 29 de mayo de 2023, en un movimiento audaz del todo o nada, el presidente del gobierno de España sorprendió con el anuncio del adelanto de las elecciones generales para el 23 de julio en un intento por neutralizar un cambio de ciclo político que siguiera favoreciendo a la derecha. Nadie lo esperaba, ni sus propios compañeros de partido y gobierno. La sorpresa del anuncio llegó pocas horas después de que su partido, el Partido Socialista Obrero Español (PSOE), perdiera gobiernos importantes en las elecciones municipales y regionales tan solo un día antes. El propio Sánchez explicaba en aquel entonces que se trataba de «clarificar» si su gobierno conservaba la mayoría social que le ha dado soporte estos años o si esa mayoría social ha desaparecido después del resultado registrado en unas elecciones y una campaña electoral que habían sido planteadas por el conservador Partido Popular (PP) como un plebiscito sobre el liderazgo del presidente español. Medios de derecha en España publicaban que aquella decisión de Sánchez como «su última bala» para conseguir que los socialistas se mantuvieran en el poder.

Aquel movimiento cogió con el pie cambiado a todos los demás partidos, incluso al suyo, haciendo que un día después de haber perdido la gran mayoría del poder territorial de un país, ya no se hablara de la derrota electoral, sino de un adelanto de nuevas elecciones generales. Pedro Sánchez, presidente del Gobierno español, demuestra su liderazgo de manera frecuente y con una determinación contundente al realizar cambios ministeriales sorpresivos en su gabinete. Estos movimientos estratégicos, anunciados de manera inesperada, generan un gran revuelo político cuando se producen y han dejado en claro la fuerza y la capacidad de Sánchez para tomar decisiones contundentes en momentos cruciales. Los cambios ministeriales inesperados no son algo nuevo durante el mandato de Pedro Sánchez. Desde que asumió el cargo en 2018, el presidente ha recurrido en varias ocasiones a esta estrategia para reorganizar su equipo y adaptarlo a las necesidades y desafíos del momento. Un líder no tiene amigos, el poder tampoco. A pesar de las críticas y controversias que han surgido durante sus etapas de gobierno, Pedro Sánchez ha vuelto a demostrar su capacidad para tomar decisiones difíciles y enfrentar los desafíos con contundencia, sin dudas y con un claro liderazgo.

Estos cambios producidos durante años y vistas las políticas empleadas a través de sus continuos discursos y diferentes comparecencias ante medios de comunicación, reflejan su deseo de gobernabilidad del país y su voluntad de llevar a cabo las reformas necesarias para impulsar el progreso y su programa de gobierno. Está claro que no le tiembla mucho el pulso a la hora de tomar decisiones. El inicio de la pandemia de COVID-19 marcó un punto crítico en el liderazgo de Pedro Sánchez. En marzo de 2020, España se encontraba entre los países más afectados por la crisis sanitaria, con un aumento alarmante de casos y una presión sin precedentes sobre el sistema de salud. Ante este panorama crítico, Sánchez adoptó medidas audaces y decisivas para contener la propagación del virus y proteger a la población. Implementó un estricto confinamiento a nivel nacional, movilizó recursos económicos considerables para respaldar a los afectados y coordinó esfuerzos a nivel internacional para asegurar un acceso equitativo a las vacunas.

Crisis en negociación política

La manera en que Pedro Sánchez ha manejado las crisis en las negociaciones con el independentismo catalán y vasco ha sido un desafío complicado que ha requerido equilibrio político y habilidades diplomáticas. Ante las demandas separatistas, Sánchez ha mostrado disposición al diálogo y la negociación, buscando soluciones que concilien la unidad de España y los deseos de autodeterminación de los partidos independentistas de estas regiones. A pesar de las tensiones evidentes, el presidente ha intentado mantener una postura decidida pero conciliadora, procurando identificar puntos comunes y construir puentes para avanzar hacia una convivencia más pacífica y respetuosa entre todas las partes involucradas. El tiempo dirá como irán sucediendo los acontecimientos para evitar un renacer del conflicto y mantener la estabilidad del gobierno. Aunque el camino hacia una resolución definitiva sigue siendo desafiante, la gestión de Sánchez en esta crisis ha establecido un precedente significativo para el futuro del país, demostrando que el diálogo y la negociación son herramientas esenciales para resolver conflictos políticos complejos. En un contexto político polarizado y la fragmentación, ha logrado timonear con destreza entre distintas fuerzas políticas para alcanzar acuerdos y mantener la estabilidad del Gobierno. A pesar de las críticas y los desafíos provenientes de la oposición, Sánchez demostró una habilidad notable para establecer alianzas y tender puentes, priorizando el interés común sobre las discrepancias partidistas. Asimismo, su enfoque en la igualdad de género y la inclusión social ha recibido elogios tanto a nivel nacional como internacional, consolidando a España como un referente en la promoción de los derechos humanos y la equidad social. Las tensiones políticas con algunas regiones, como Cataluña, han presentado desafíos adicionales a su liderazgo, demandando un equilibrio delicado entre la defensa de la unidad nacional y el respeto a la diversidad regional. En este sentido, el verdadero examen del liderazgo de Pedro Sánchez reside en su capacidad para aprender de los errores y adaptarse, sin mirarse las cicatrices, a las circunstancias cambiantes. Su disposición para dialogar y buscar soluciones consensuadas, incluso en negociaciones extremadamente complejas, demuestra ser un líder político con mucha estrategia detrás. La claridad de visión, osadía en algunos momentos y valentía a la hora de tomar decisiones, son cualidades invaluables que han fortalecido la imagen de su liderazgo.

Liderar es resistir.

Lecciones para el liderazgo político en tiempos de crisis

Ética y sinceridad

los líderes políticos, al igual que todos nosotros, tienen la responsabilidad de actuar con integridad y ética en todo momento, tanto en su vida pública como en la privada. Si se apartan de estos valores, podrían enfrentar consecuencias muy serias, tanto a nivel personal como para el partido al que representan. Es necesario que eviten cometer errores en la comunicación política en los primeros momentos cuando la «tormenta perfecta» se han desatado, pero con más cautela si cabe a la hora de atender a los medios de comunicación y la ciudadanía que interactúa en espacios como las redes sociales e internet.

Transparencia y rendición de cuentas

la transparencia y la rendición de cuentas son esenciales para mantener la confianza del público en las instituciones democráticas. Los responsables políticos deben ser transparentes en sus acciones y estar dispuestos a asumir la responsabilidad por cualquier error o malversación.

Gestión de crisis

los dirigentes políticos deben estar preparados para enfrentar este tipo de crisis inesperadas, con protocolos de actuación y tener secuenciado en la estructura organizativa de los partidos, como actuar en momentos de tanta convulsión mediática.

Estar preparados tanto los implicados de manera directa, así como aquellos altavoces de la propia organización para no dar versiones diferentes ante la opinión pública. Esto requiere habilidades de comunicación política, toma de decisiones rápida y eficaz, así como la capacidad de mantener la calma en momentos de presión.

Renovación y reestructuración

la crisis puede ser una oportunidad para el cambio y la renovación dentro de un partido político. Los líderes deben estar dispuestos a abordar las deficiencias estructurales y culturales que hayan contribuido a la crisis, trabajando en la reconstrucción de la confianza y la credibilidad del partido.

EL PAPEL DE LAS EMOCIONES EN EL LIDERAZGO POLÍTICO

«Los hombres se conducen principalmente por dos impulsos: o por amor o por miedo»
MAQUIAVELO

En el teatro político, las emociones desempeñan un papel protagonista, influyendo en la percepción pública y dando forma a las decisiones colectivas. Vamos a ver qué relación hay entre las seis emociones básicas y el liderazgo político, explorando cómo los líderes, al entender y aplicar estas emociones, pueden forjar conexiones más profundas con el electorado y moldear el curso de la política.

Las emociones son las fuerzas motrices que dan forma a nuestra experiencia humana, llevándonos en un viaje lleno de altibajos a través de la alegría, la tristeza, el miedo, el enojo, el asco y la sorpresa. En este fascinante recorrido por nuestro mundo emocional, nos adentramos en la obra del renombrado psicólogo Paul Ekman, quien desempeñó un papel fundamental en la identificación y clasificación de estas seis emociones básicas. A lo largo de su distinguida carrera, Paul Ekman se dedicó a explorar las expresiones faciales y gestuales asociadas con las emociones humanas. Su trabajo pionero, influido por extensas investigaciones etnográficas en diversas culturas, le llevó a la conclusión de que ciertas emociones son innatas y universales, trascendiendo barreras culturales y lingüísticas.

En la década de 1970, Ekman desarrolló la Teoría de las Emociones Básicas, que postula que la felicidad, la tristeza, el miedo, el enojo, el asco y la sorpresa son fundamentales para la experiencia humana en todas partes. Este punto de partida revolucionario no solo proporcionó un marco sólido para comprender nuestras emociones, sino que también abrió nuevas perspectivas en campos tan diversos como la psicología clínica, la neurociencia y la inteligencia artificial.

Algunos estudios más recientes pueden haber propuesto variaciones o extensiones de esta teoría, incorporando nuevas emociones o refinando las categorías existentes.

Las huellas de Paul Ekman marcan nuestro camino hacia la comprensión más profunda de nosotros mismos y de las complejidades que definen nuestra existencia emocional. En el liderazgo político cobran todo su esplendor.

La alegría: conexión y optimismo

La felicidad siempre aparece como esa increíble energía que puede unir a líderes y gente común, tejiendo vínculos llenos de esperanza e ilusión.

En ese campo de la alegría, resaltamos el notable uso de la felicidad como una estrategia de liderazgo por parte del expresidente español José Luis Rodríguez Zapatero, cuyo mandato entre 2004 y 2011 representó una época de transformación y progreso.

Zapatero comprendió con mucho instinto que la felicidad no es una mera emoción pasajera, sino una valiosa herramienta para construir vínculos emocionales y perdurables con la ciudadanía. Durante su tiempo en el cargo, adoptó la felicidad como un símbolo de optimismo, de manera destacada en momentos en que España experimentaba períodos de crecimiento económico y avances en políticas sociales. Su orientación no se limitó únicamente al ámbito de las políticas gubernamentales, sino que se extendió al plano emocional, reconociendo la importancia de la conexión emocional para el éxito y la aceptación de las decisiones políticas.

Hoy, pasados los años, quién no recuerda aquella política implantada que prohibía fumar en espacios cerrados como bares y restaurantes. Con el paso del tiempo, vemos como una decisión tan controvertida en aquel entonces hoy es mirada con total normalidad.

En tiempos de bonanza económica, Zapatero utilizó la felicidad como un signo de confianza en el futuro. Sus discursos resonaban con un tono esperanzador, resaltando los logros alcanzados y proyectando una visión optimista con los planes avanza. Esta estrategia no solo ayudó a cultivar un clima positivo en la sociedad, sino que también generó un sentimiento de unidad y participación ciudadana.

Bajo el liderazgo del presidente socialista, la felicidad se convirtió en un paraguas que movilizó a la población hacia un compromiso activo con el proceso político. Es notorio destacar que la felicidad de Zapatero no era solo una apariencia superficial, sino que se tradujo en políticas concretas diseñadas para mejorar la calidad de vida de los ciudadanos.

La implementación de medidas sociales y económicas dirigidas a fortalecer la educación, la salud, las políticas de igualdad y el empleo contribuyó a reforzar la percepción de que la felicidad no era solo una retórica, sino una fuerza impulsora de acciones tangibles y positivas.

El 30 de junio de 2005, el Congreso dio luz verde a la modificación del Código Civil que permitió el matrimonio homosexual y legalizó la adopción homoparental, bajo la presidencia del Ejecutivo socialista de Rodríguez Zapatero. Ese día, España se convirtió en el tercer país del mundo en permitir el casamiento entre homosexuales.

La tristeza: empatía y solidaridad en tiempos de crisis

En el continente africano, destaca la figura de Ellen Johnson Sirleaf, quien fuera presidenta de Liberia, como un modelo de liderazgo femenino que ha enfrentado momentos difíciles con compasión y solidaridad, empleando la tristeza como un medio para la reconstrucción.

Durante su presidencia, Liberia se vio afectada por la devastación de una guerra civil y la propagación del virus del Ébola.

En esos momentos críticos, Johnson Sirleaf no solo dirigió con determinación, sino que también expresó con resiliencia su tristeza por las pérdidas sufridas por su pueblo. Sus discursos no solo reflejaban preocupación y pesar, sino que también compartían el dolor sentido por toda la nación, mucha empatía. Al mostrar una tristeza real, Johnson Sirleaf estableció un vínculo emocional con su pueblo, reconociendo la magnitud de la tragedia y mostrando empatía hacia aquellos que más sufrían. Esta conexión emocional no solo humanizó su liderazgo, sino que también inspiró un sentido colectivo de solidaridad. Ponerse en la piel de su pueblo dio lugar a políticas dirigidas a la reconstrucción y el apoyo a las comunidades afectadas, demostrando así que la tristeza, cuando se comunica de manera auténtica, puede ser un impulso para sacar réditos positivos y provocar la unidad en momentos difíciles.

El miedo: estrategias de movilización y seguridad

Dentro de la historia política más reciente en España, la figura de Santiago Abascal, líder de VOX, ha empleado estrategias basadas en el miedo para movilizar apoyo y abordar cuestiones relacionadas con la inmigración y la unidad nacional. Abascal ha utilizado el miedo como una herramienta estratégica para abordar amenazas percibidas y movilizar a su base de seguidores. Un ejemplo de ello es la retórica utilizada por Abascal en torno a la inmigración, y ver como el miedo puede ser utilizado para influir en la percepción pública. Al abordar el tema de la inmigración, ha presentado una narrativa que destaca las posibles amenazas a la seguridad nacional y la preservación de la identidad cultural española. Esta estrategia utilizada, no solo en España, sino a nivel europeo, ha tenido como objetivo movilizar el miedo a lo desconocido, generando apoyo para políticas más restrictivas en materia migratoria.

Además, VOX y sus dirigentes han centrado su discurso en la idea de la unidad nacional y la amenaza percibida por el independentismo en regiones como Cataluña. Abascal ha utilizado el miedo a la ruptura de España, por ejemplo, con las autonomías, como una herramienta para consolidar el apoyo a su partido, presentando a VOX como el defensor de la unidad y la estabilidad del país. Esta estrategia de movilización basada en el miedo contribuyó a la consolidación de VOX como una fuerza política relevante en España, aunque su efecto ha ido perdiendo fuerza. No se puede mantener el factor sorpresa mucho tiempo, porque pasa a ser algo predecible y natural. La estrategia adoptada por Abascal y compañeros de partido como Javier Ortega Smith o Iván Espinosa de los Monteros en su momento han sido objeto de controversia y críticas, pues algunos la perciben como una manipulación del factor miedo con el fin de obtener ventajas electorales. Este ejemplo pone de manifiesto la polémica que generan los estados emocionales en el ámbito político, dado que pueden servir como una herramienta poderosa para movilizar a los posibles votantes, pero también puede dar lugar a tensiones y polarización en la sociedad.

La sorpresa: estrategias innovadoras y cambio político

La sorpresa asoma como una emoción estratégica capaz de catalizar el cambio y consolidar el apoyo público. Pedro Sánchez, presidente del Gobierno de España, ha utilizado estrategias basadas en la sorpresa para introducir innovaciones políticas y mantener la relevancia en el panorama político español. El liderazgo de Sánchez durante la pandemia de COVID-19 ha presentado ejemplos de cómo la sorpresa puede ser empleada para generar un impacto positivo. La implementación de políticas inesperadas, como la aprobación de medidas económicas audaces y programas de estímulo, buscó sorprender a la opinión pública y proporcionar soluciones innovadoras a los desafíos económicos derivados de la crisis sanitaria. Estas sorpresas estratégicas no solo pretendían diferenciar la respuesta del Gobierno, sino también generar un cambio perceptible en la gestión de crisis, consolidando el apoyo de aquellos que buscaban ayudas y respuestas rápidas. Préstamos a pequeñas y medianas empresas con líneas de financiación ICO, pausa y facilidades a la hora de cobrar impuestos a la población, fueron algunas de esas medidas impulsadas por el gobierno.

Sánchez ha utilizado la sorpresa como una herramienta para introducir cambios políticos significativos en sus órganos de gobierno, como los relevos de ministros y ministras al frente de diferentes carteras ministeriales o el adelanto de elecciones generales como las celebradas en julio de 2023. La convocatoria anticipada de elecciones que se dio al siguiente día de haber perdido el PSOE mucho poder territorial en las elecciones de mayo de 2023 hizo de aquella decisión toda una revolución electoral que buscaba reconfigurar el panorama político y obtener un nuevo mandato. Ilustra cómo la sorpresa puede ser empleada estratégicamente para mantener la iniciativa política, descolocar al adversario político y consolidar el apoyo de sus seguidores.

La capacidad de Sánchez para sorprender una y otra vez a la opinión pública y los medios de comunicación con decisiones políticas inesperadas ha contribuido, sin lugar a duda, a su posición como líder relevante en la política española. Esta manera de sorprender moldeó su liderazgo como un agente de cambio, desconcertando incluso a los suyos, siendo capaz de introducir ajustes tácticos para adaptarse a las demandas políticas y sociales en constante evolución.

El disgusto: estrategias de crítica y oposición firme

El disgusto en el terreno político brota en innumerables ocasiones como una emoción estratégica capaz de impulsar estrategias de crítica y oposición firme. Gabriel Rufián, portavoz de Esquerra Republicana de Catalunya (ERC), ha empleado el descontento como una táctica estratégica para impulsar críticas y una oposición decidida y, para muchos, valiente. Su desempeño en el Congreso ha resaltado su capacidad para transformar el malestar popular en una fuerza política cuando menos llamativa. Al criticar las acciones del Gobierno central en las políticas que afectan a Cataluña, ha conseguido generar un descontento evidente entre sus seguidores y simpatizantes independentistas, consolidando así su liderazgo y movilizando el respaldo de aquellos que comparten su insatisfacción con la situación política desde el Gobierno central de la nación.

Rufián ha utilizado el disgusto como un elemento clave en la construcción de su identidad política y de su marca política personal. En esa línea, busca diferenciarse y fortalecer su base de seguidores en el ámbito independentista, compitiendo espacio político con partidos independentistas como Junts per Catalunya. Estas tácticas le han permitido posicionarse como uno de los líderes que se enfrenta abierta y directamente a las decisiones que generan malestar entre la población catalana. Forma parte del Gobierno y, al mismo tiempo, exige mejoras para su territorio más cercano, Cataluña.

Sin embargo, es importante saber que, aunque el descontento puede movilizar, también tiene su contrapartida, esto es, puede contribuir a la polarización y la confrontación política. La estrategia de Rufián ejemplifica cómo la gestión habilidosa del descontento puede ser una herramienta política poderosa, pero también resalta la importancia de equilibrar la crítica con propuestas y soluciones constructivas, por lo que comentaba hace solo unos párrafos, es parte del Gobierno con su apoyo al Partido Socialista de España.

La confianza: estrategias de empoderamiento y conexión popular

La confianza aparece siempre como una emoción estratégica capaz de impulsar estrategias de empoderamiento y conexión rápida con la ciudadanía. En América Latina, Gustavo Petro, político colombiano y líder del movimiento Colombia Humana, utilizó la confianza como una herramienta para consolidar su posición y movilizar a sus seguidores a través de argumentos comunicativos que buscan conectar de manera cercana con la ciudadanía.

El trabajo reciente de Petro en la política colombiana ha destacado, entre otras cosas, por su habilidad para generar confianza entre aquellos que comparten su visión de cambios significativos en el país. Su discurso centrado en la equidad social, la lucha contra la corrupción y la defensa de los derechos de las comunidades más vulnerables ha buscado construir una relación de confianza con el pueblo colombiano. Petro, aunque ha llegado hace muy poco al poder, ha capitalizado esta emoción para consolidar su posición como líder para implementar transformaciones significativas, utilizando de manera muy tangible la creencia en él como un elemento fundamental para construir su imagen política.

Su conexión cercana con las audiencias, expresada a través de una comunicación directa y un lenguaje accesible, ha buscado generar un ambiente de relativa cordialidad, donde los votantes sientan que sus preocupaciones son comprendidas y tenidas en cuenta. Es el capítulo del empoderamiento el que busca consolidar su Gobierno y aumentar el apoyo de aquellos que aspiran a vislumbrar cambios significativos en Colombia.

LA APARIENCIA FÍSICA
DEL LIDERAZGO POLÍTICO

«Pocos ven lo que somos,
pero todos ven lo que aparentamos»

NICOLÁS MAQUIAVELO

Cuando te expones a una amplia gama de rostros, no solo moldeas tu percepción de lo que consideras una apariencia normal, sino que también aumenta la probabilidad de que veas a más personas de manera favorable. A cambio, cuanto más segregados y aislados estemos, más reducida será nuestra idea de la «imagen normal o cercana» en términos de apariencia, dando como resultado el juzgar negativamente a aquellos que percibimos como diferentes. En el año 2005, el profesor y psicólogo búlgaro Alexander Todorov, de la Universidad de Princeton, hizo un estudio científico en el que demostraba que la apariencia física es un factor determinante para la política, sobre todo a la hora de ser escogido en unas elecciones por personas que no te conozcan. De hecho, también se ha encontrado que los políticos y políticas con una apariencia física más atractiva suelen tener un mejor resultado electoral, como se evidencia en el caso de Justin Trudeau, primer ministro de Canadá.

Psicología del voto

Todorov ha profundizado durante años en la psicología detrás del voto. Sus investigaciones en el trabajo *«Inferences of Competence from Faces Predict Election Outcomes»*, publicado en la revista *Science,* indica que gran parte de las decisiones electorales se basan, en un importante número de casos, en percepciones superficiales, a pesar de nuestro deseo de querer pensar que son juicios políticos racionales. Recuerda que el 85 % de nuestras decisiones son irracionales, provocadas por una parte del cerebro que no ha evolucionado desde hace más de 200.000 años. En el año 2003, Todorov comenzó a sospechar que, a excepción de aquellas personas que se involucran activamente en la política y ejercen el denominado «voto duro», vamos, los fieles a las siglas, la razón por la que el resto de las personas, más alejadas del día a día político y que optan finalmente por un determinado candidato a gobernar, tenía más que ver con la percepción que con la propuesta política misma.

Fue así como en aquel experimento, tras mostrarle a un grupo de voluntarios muchas fotos de rostros a los que debían calificar por la confiabilidad que se reflejaba en ellos —sin sospechar que efectivamente se trataba de candidatos reales al Senado y la Cámara estadounidenses—, los participantes coincidieron en un 70 % con los resultados que efectivamente se dieron en los posteriores resultados electorales. A mayor apego a unas siglas, ideologías o conocimiento del candidato, menor es la necesidad de una buena presencia e imagen, aunque siempre tendrá un plus de aceptación. Ahora bien, a mayor desconocimiento de un candidato o trayectoria de una marca de partido político, mayor esfuerzo y cuidado a la hora de proyectar tu impronta en una campaña electoral o campaña política.

Cómo la apariencia física de un político o política te condiciona

Todorov ha conseguido demostrar que la primera impresión de los candidatos puede ser precisa con solo un vistazo, lo que subraya la importancia de la apariencia física, el lenguaje no verbal y la imagen personal en la política. La percepción de confiabilidad y competencia de un candidato a menudo influyen en el resultado final de las elecciones. Es, por ello, por lo que los candidatos que son percibidos más confiables y competentes son los que generalmente terminan ganando las elecciones.

¿Y si en una campaña electoral hacemos diferentes carteles electorales o vallas publicitarias dependiendo del lugar en donde vayan a ser colocados?

Esto, a juicio de Todorov, queda claro si observamos el reciente mapa electoral de Estados Unidos y observamos los lugares en los que la gente votó a favor de Trump o de Clinton. En las áreas urbanas, tales como Nueva York, donde la gente vive en un ambiente multicultural, el voto de manera abrumadora fue para Hillary, la candidata demócrata, en tanto el apoyo para Trump vino de las áreas rurales y poblaciones más homogéneas. Desde este punto de vista, en las pasadas elecciones estadounidenses, el comentario de Marco Rubio, político del Partido Republicano, acerca de lo pequeñas que eran las manos de Donald Trump fue algo más que un comentario al azar. Se trató, a juicio de expertos en comunicación, de un intento indirecto de menospreciar la capacidad de Trump como líder.

De la misma manera, Donald Trump mencionó varias veces durante la campaña el estado de salud de Hillary Clinton, cuestionando así, intencionadamente, si estaba apta para el cargo. Si bien estas tácticas pueden parecer insignificantes, en muchos casos son suficientes para influir en el voto de los electores indecisos. Se ataca de manera directa el aspecto físico del adversario y se tiene muy en cuenta a la hora de decidir el voto. Aunque enfocarse en detalles físicos durante la campaña puede influir en los votantes indecisos —el voto blando o el voto de los abstencionistas—, estas tácticas pueden ser vistas también como manipuladoras en lugar de evaluaciones políticas de autoridad y criterio. Además, otras investigaciones recientes han mostrado que las inferencias basadas únicamente en la apariencia y los rostros de los candidatos arrojan un resultado impreciso y pueden variar según las culturas. Esto destaca nuestra tendencia innata a favorecer a quienes se parecen a nosotros y a desconfiar de aquellos que vemos diferentes.

La fisonomía, que es la pseudociencia basada en el estudio de la apariencia de las personas, sobre todo sus caras, para conocer sus personalidades, ha existido desde siempre. Aunque hoy en día son pocos los que se la toman en serio, la ciencia ha demostrado con creces que es imposible resistirse a las primeras impresiones. La primera impresión es la que queda. Pongamos un ejemplo: si la primera vez que veo a algún político o política en una entrevista, un cartel o un encuentro con la ciudadanía, la primera vez, y su rostro refleja enfado, disgusto o una mala imagen en general, ¿qué resultado generará en el cerebro de la gente? Observar a alguien por menos de un segundo puede ser más que suficiente como para hacernos una idea sobre esa persona. Es más, estas impresiones predicen resultados concretos, incluyendo elecciones políticas, transacciones económicas y sentencias en juicios. Utilizando métodos de vanguardia y *neuromarketing,* hoy podemos mejorar las primeras impresiones hacia nuestra marca política personal como, por ejemplo, fiabilidad, credibilidad o agresividad.

En política, el orden natural para conseguir la confianza ciudadana es: atención, emoción, recuerdo y voto. Es decir, que primero hay que ser capaces de ser disruptivos para poder emocionar a continuación. Si lo conseguimos, podremos ser recordados a la hora de conseguir el voto en las urnas. ¿Tienen razón entonces los que practican la fisonomía? En cierto sentido, gracias a estos métodos, pareciera que sí. Los mismos estudios revelan que las afirmaciones de los fisonomistas modernos pueden ser tan exageradas como las del pasado y que la fisonomía no tiene base científica, por eso se considera una pseudociencia.

Entonces ¿cómo llegamos a un equilibrio cuando necesitamos explicar y hacer saber más de nosotros y la mayoría de las veces es muy poco el conocimiento que tienen sobre mí y todo lo que quiero proponer a la ciudadanía? La respuesta es: encontrar una o varias imágenes que transmitan buena apariencia y que se integren lo máximo posible en la inconciencia ciudadana del lugar. En lugares donde la población es más diversa y plural, proyecta una imagen más fresca, dinámica, menos clasicista. A cambio, en entornos donde los habitantes sean más uniformes en cuanto a culturas o arraigo al lugar, muestra en la medida de lo posible una apariencia más conservadora, tradicional o moderada.

Si te dedicas a la política, yo que tú me preocuparía, y mucho, en proyectarla así, mucho.

EL LÍDER Y LA MOTIVACIÓN DE EQUIPOS

«Que no te den la razón los espejos»

JOAQUÍN SABINA

El buen líder es aquel que va detrás de su equipo empujando a todos hacia delante, no el que va delante tirando de cada uno de ellos.

Así quiero empezar esta parte, intentando hacer ver como el concepto de liderazgo ha ido evolucionando con el paso de los años, al igual que la forma de relacionarse las personas que forman los equipos y organizaciones políticas. Hasta tan solo unos años, en cualquier reunión o evento que se pudiera dar en política, al iniciar conversaciones, propuestas o sugerencias en los grupos de gente en torno a unas siglas o en convenciones de todo tipo, básicamente se esperaba que aquellas personas con más iniciativa dieran un paso al frente para fomentar la participación o, de manera más simple, para marcar directrices. Hoy, un simple wasap o un mensaje por una plataforma digital cambia, y mucho, el paso de las relaciones entre colectivos y, por tanto, de las personas que interactúan en estas redes de conexión humana, digital o tradicional.

Se hace más que nunca imprescindible por parte de las autoridades políticas trabajar la persuasión, la autocrítica, la capacidad de escucha, fomentar las actividades de iniciativa de los RR. HH., pero, sobre todo, la motivación. Todos los días escuchamos hablar sobre lo importante que es estar motivado para poder desempeñar todo lo que hacemos de la mejor manera posible; en política, también. Tener motivación política es sinónimo de tener actitud para afrontar con garantías el cumplimiento de objetivos, el buen hacer de las cosas. Pero ¿qué es la motivación?

Déjame que te lo explique. La motivación no es otra cosa que aquello que nos ayuda a avanzar hacia un objetivo con la intención de mejorar, es el viento de cola que empuja a toda actividad para que pueda culminarse. La motivación es la antesala del movimiento, ya sea físico, mental o emocional. La motivación en la vida política lo es todo. Cuántas veces oímos hablar de que aquel candidato o líder qué bien habla, qué activo está el partido político, qué bien lo hacen, que si el talento, que si la preparación, cómo se expresa, qué fuerza tiene, etc. Todo eso está bien, sí, pero sin motivación es casi imposible que se puede llevar a cabo cualquier proyecto político, y aquel que llega a trabajarse se hace con un sobresfuerzo descomunal y muchas veces abocado al fracaso.

El arte de motivar al equipo político

La motivación es un proceso interno, es algo en ocasiones inexplicable y que activa elementos ocultos o que han estado en pausa sin poder explotar acciones políticas o relacionadas con la actividad de una formación o equipo.

Muchas veces el *neuromarketing* nos puede ayudar a descifrar qué piensan los demás, qué acciones les llaman la atención, qué les motiva más… La motivación es capaz de sacar lo mejor de sí de las personas, cambia el panorama como se suele decir y consigue poner en valor muchas cualidades y capacidades de los integrantes de una asociación o partido político. En cualquier caso, hay muchos elementos y condicionantes externos que pueden influir sobre la misma. Algunos de estos factores son:

- Falta de objetivos políticos, el no saber hacia dónde vamos.

- Inexistencia de remuneración tanto económica como de otra índole; el dinero no lo es todo en política, hay más.

- Falta de liderazgo o de personas capaces de impulsar el proyecto político.

- Falta de comunicación, interna y externa.

- Monotonía en las actividades o acciones que se llevan dentro de una organización política y la falta de profesionalización en la política.

- Ausencia de reconocimiento a los integrantes de un partido, un «gracias», un «qué bien lo has hecho», un «felicidades» a tiempo.

- Un compañero aburrido es menos rentable que alguien que está entretenido o haciendo cosas por el partido. Hay que romper la rutina con desafíos innovadores e interesantes. Es importante dejar que los propios integrantes de un partido creen sus propios retos. Deja paso a la creatividad y la innovación.

- Dar por hecho que todo va bien sin preguntar a los compañeros por cómo están o mostrar preocupación por saber en qué están trabajando.

- Dejarse llevar demasiado por lo que está ocurriendo o diciéndose ahí fuera, el famoso «qué dirán».

- La falta de desarrollo profesional, la falta de formación y de contar con el *coaching* político.

- Entender como las funciones que se desempeñan en el partido político son sinónimo de ser monótonas.

- El no conocer y no hacer partícipes a los integrantes de la formación política de las decisiones o noticias que afecten a la empresa política.

- El no existir actividad en cuanto a jornadas, encuentros, reuniones donde puedan ponerse en común ideas, logros o hacer partícipes a todos los integrantes del equipo y del proyecto político.

Existen muchos factores más, solo he mencionado algunos de ellos. Por eso, quizás uno de los apartados más importantes dentro de trabajar la falta de motivación en política sea ser consciente de si existe dicha falta, si realmente es un problema.

Por los años de experiencia ya te anticipo que suele ser el talón de Aquiles en muchas agrupaciones u organizaciones políticas.

El liderazgo político digital

Con la aparición de las nuevas tecnologías y la frenética comunicación digital que nos golpea a diario se abre una nueva fuente de estudio: el liderazgo político digital.

Ya no basta trabajar la motivación en los canales de comunicación tradicionales. Ahora también hay que hacerlo en el entorno digital de lugares como las redes sociales, foros, blogs u otras plataformas de internet.

La gente interactúa más hoy en un canal digital que en una sala de encuentro vecinal. Hablamos, dirigimos y actuamos detrás de una pantalla de un *smartphone* o una *tablet*. El liderazgo de equipos tiene que adaptarse a un nuevo concepto de relaciones y formas de convivencia, de escritura y con un aderezo más que importante, el factor tiempo, el ahora mismo de la política. No hay espera, no hay tiempo para reflexionar, son tiempos de escaneo. Por lo tanto, se trata de ser mucho más directos y estar más atentos a lo que se publica o se dice en los medios *online*.

Un gracias, un me gusta o una etiqueta en un *post* en las redes sociales puede suponer que un compañero se vea reconocido y quienes lo lean o vean lo tengan muy en cuenta. Ahora, el líder, además de trabajar los apartados más conocidos y habituales de la comunicación, se ve obligado a conocer y tener nociones de comunicación digital y el uso de herramientas tecnológicas para el trabajo en equipo. No solo el manejo de redes sociales. Hablamos de un inventario de recursos para la comunicación 2.0. como aplicaciones digitales para trabajo en equipo, agendas electrónicas, herramientas para el *email marketing,* uso de plataformas de *podcasting,* la nube digital para el compartimiento de archivos y muchas más.

El reto constante de la motivación política

El hecho de querer ser líder no nos convierte porque sí en esa figura; en política, menos aún. Motivar puede llegar a ser agotador cuando se hace desde una posición de altura, tirando de una cuerda. De ahí la importancia de propiciar el surgimiento de ideas, el contar con el valor que las personas dan a sus iniciativas. Muchas veces grandes ideas se quedan en el olvido por el simple hecho de que al líder no le gustó, o por la falta de comunicación a la hora de plantear la iniciativa.

Liderar es permitir, liderar es escuchar, liderar es cooperar. En muchas ocasiones te encuentras con una profunda insatisfacción con lo que se está haciendo dentro del partido político y que afecta, y mucho, al rendimiento de hombres y mujeres que puedan colaborar y trabajar, en muchas ocasiones, de manera altruista y desinteresada.

También te puedes encontrar con un mal clima político o, lo que es lo mismo, lo que se respira y se huele dentro del equipo, lo que se siente, lo que llega a la gente que está dentro de la organización. En la mayoría de los casos por una necesidad de comunicación demoledora, por haber creado unas expectativas demasiado esperanzadoras e irrealistas, o por no haber usado un «no puede ser» a tiempo.

El aparecer como número uno en una lista de candidatura no necesariamente convierte a una persona en líder. Es más, en ocasiones confunde y hace que germine la semilla del narcisismo, se pierde la naturalidad y la perspectiva de a dónde voy y de dónde vengo.

Muchas veces aparece el síndrome de Boreout, un síndrome que se caracteriza por una serie de alteraciones psicológicas producidas en el ser humano y que es capaz de hacer ver y fingir que se está haciendo algo cuando, en realidad, es todo lo contrario. Seguro que en tu formación política tienes algún compañero así, el que está siempre demasiado ocupado y que no tiene tiempo para más nada, le faltan horas. Todo parte del aburrimiento, la inexistencia de retos políticos y la carencia de interés por el proyecto actual.

Llegados a este punto, se hace imprescindible contar con personas decididas y capaces de asumir el liderazgo político, un líder fuerte, sin fisuras. El capitán de barco que guíe a toda la tripulación hasta buen puerto, gente capacitada para revertir situaciones cuando la gente no está motivada. La ausencia de motivación también produce mal estar, enfrentamiento, crispación, incluso desolación en los partidos políticos. El líder político va mucho más allá de la dirección de proyectos políticos, de dar órdenes. En el liderazgo en política hace falta contar con un gran componente humano, con un alto grado de empatía y no descuidar jamás el lado personal de las relaciones humanas.

Las personas antes de ser figuras políticas son personas, fueron personas y seguirán siendo personas. Tarde o temprano, si una persona no está contenta dentro de un equipo, acabará por marcharse del partido político, desmantelando poco a poco la capacidad y fuerza del partido. Todos tienen algo que aportar, la cuestión está en identificar esa cualidad que mejor se puede aprovechar y todos no valemos para todo. El liderazgo es una cuestión también de actitud.

El líder *coach* tiene un largo camino aún por recorrer. Venimos de muchas décadas de un concepto de liderazgo centrado en la figura unipersonal y la toma de decisiones al estilo César. Ya no es así. En política, la psicología debe tener un protagonismo transversal tanto en la comunicación externa como en la interna de los partidos políticos, tanto para trabajar todo lo concerniente a los electores y a los hábitos de vida de las poblaciones como para formar nexos en todas las relaciones personales dentro de las formaciones políticas.

La personalidad del líder

Candidato no es sinónimo de líder, líder no es sinónimo de poder.

Si algo caracteriza a quienes lideran proyectos es la toma de decisiones, que, equivocadas o no, van dando forma al proyecto político y hacia dónde se dirige, en qué lugares se hacen pausas o descansos y, además, cómo se marcan las diferentes estrategias de la comunicación política. Los buenos liderazgos necesitan su tiempo y tardan en afianzarse. Hay que tener mucha personalidad para poder mediar en las múltiples ocasiones en que las ideas y las opiniones hacen acto de presencia en las relaciones personales de los partidos políticos. Si a esto le sumas la aparición del tan conocido ego, más necesario se hace el decidir, sin más. Siempre se dice que hay que felicitar en grupo y corregir en privado. En la era de la política digital esta bifurcación se hace una utopía. Un tuit mal interpretado, un mensaje reenviado por error o un emoticono puede confundir al receptor del mensaje. Más que nunca hace falta la cercanía y el tú a tú entre líder y la otra persona, el contacto personal.

El buen dirigente tiene que llevar como bandera de su personalidad la coherencia de sus actos. Tiene que ser capaz de reconocer sus errores, pedir perdón si fuera necesario y, por último, sacar lo mejor de sí de sus compañeros y colaboradores, recompensando cuando fuera necesario sus acciones y todo aquello susceptible de ser puesto en valor. Las gratificaciones económicas tienen un recorrido muy corto, duran lo que duran, son fuegos artificiales. Todo aquello que produce malestar siempre está presente y, para evitar esa situación incómoda, hay que revertir la situación con otras acciones que para nada contemplan la aportación monetaria.

¿Por qué las sedes de los partidos políticos son tan aburridas? ¿Por qué no se dinamizan esos espacios con otras actividades que no sean meramente políticas? ¿No se podría utilizar el local del partido político para fomentar encuentros vecinales o con otros fines? Pasamos mucho tiempo de nuestro día a día hablando y conviviendo con política, en la calle, en nuestro puesto de trabajo, en la sede del partido, seguramente más que en nuestro propio entorno privado o en nuestro propio hogar. Con más razón para darle un giro a la convivencia social.

Por ello, antes de pensar en cómo ganar las elecciones o gobernar, es responsabilidad de los líderes y lideresas poner en marcha las iniciativas y actividades necesarias para facilitar un clima de trabajo político sano y agradable. Si no lo hace, es mejor dedicarse a otra cosa.

El ser humano tiende a formar parte de grupos, pandillas, tiene predisposición ante el asociacionismo. Un equipo motivado contagia; un equipo desmotivado separa a sus componentes, los aísla y acaba por romper su unidad. Algunas de las prácticas más frecuentes y habituales para aumentar la satisfacción y motiva-ción de las personas que están en un partido político pueden ser promover actividades fuera del ámbito político, asistir a una excursión, un viaje, una fiesta, una comida. Además, tenemos que apostar por encontrar claves para mejorar la comunicación política a todos los niveles y en todas las direcciones. Sin moti-vación no hay nada, todo queda en intentos, opiniones, crítica y, en el mejor de los casos, liderazgo del malo, liderazgo al estilo jarrón de decoración.

LA CONSTRUCCIÓN DEL LIDERAZGO POLÍTICO: LAS 7 FASES CRÍTICAS

«El liderazgo y el aprendizaje son indispensables
el uno al otro»

JOHN F. KENNEDY

La pregunta sobre si un líder político nace o se hace ha sido objeto de debate en la literatura sobre liderazgo y desarrollo personal. La realidad es que ambos factores desempeñan un papel en la formación del liderazgo.

Factores innatos (nacer)

Algunas personas parecen tener ciertas características y habilidades innatas que les facilitan asumir roles de liderazgo. Estos rasgos pueden incluir la inteligencia emocional, la empatía, la capacidad de comunicación efectiva, la resiliencia y la determinación. Estas características pueden proporcionar una base sólida · para el liderazgo, pero la presencia de estas cualidades no garantiza al instante que alguien se convierta en un líder político exitoso.

Factores adquiridos (hacer)

El entorno, las experiencias de vida, la educación y las oportunidades son capítulos determinantes en la formación de un líder político. La adquisición de conocimientos, habilidades y experiencias prácticas a lo largo del tiempo puede moldear y desarrollar las capacidades de liderazgo de una persona.

La educación formal, la participación en organizaciones comunitarias, la experiencia laboral en el sector público o privado, y la exposición a situaciones desafiantes son formas en las que alguien puede «hacerse» como líder político.

La formación de un gobernante político implica una combinación de factores innatos y adquiridos. Algunas personas pueden tener predisposiciones naturales que las hacen más propensas a asumir roles de liderazgo, pero el desarrollo continuo, la experiencia y el aprendizaje son fundamentales para el éxito a largo plazo en la arena política.

Además, la autenticidad y la conexión con la comunidad son aspectos importantes que un líder político debe cultivar, independientemente de sus características innatas o adquiridas.

Ahora bien, si me preguntas a mí sobre esta cuestión y después de trabajar durante años con candidatos, liderazgos consolidados y otras personas dedicadas a la vida pública, en mi opinión, un líder político tiene más de la parte innata que de lo que pueda ir trabajando a lo largo de su vida política.

Ambos capítulos se complementan, pero el liderazgo político se tiene o no se tiene.

¿Líder o jefe?

La diferencia fundamental entre un jefe y un líder se manifiesta en la forma en que abordan las situaciones y las personas en el ámbito político, así como en su estilo de liderazgo.

Mientras que un líder político se esfuerza por ser una fuente de inspiración, motivación y orientación para su equipo, fomentando un ambiente de colaboración y promoviendo el crecimiento tanto personal como profesional de cada miembro, un jefe tiende a limitarse a emitir órdenes y supervisar la ejecución de tareas, con menos énfasis en el desarrollo integral de las personas bajo su responsabilidad.

Es importante comprender que el liderazgo político sólido no surge de la noche a la mañana; requiere un compromiso constante y un proceso de crecimiento continuo.

Establecer un liderazgo duradero y reconocible implica atravesar diversas etapas, cada una esencial para el desarrollo integral del líder y su equipo. En el liderazgo político, la capacidad de ejercer una influencia positiva, de servir como modelo a seguir y de inspirar a los demás a alcanzar su máximo potencial es fundamental. Por otro lado, en el papel de jefe, se destaca más la autoridad y la supervisión directa de las actividades, con menos énfasis en la dimensión humana del liderazgo.

Mientras que un líder político se preocupa por el bienestar y el crecimiento de su equipo, un jefe a menudo se centra en las tareas y en el cumplimiento de objetivos sin prestar tanta atención al desarrollo personal y profesional de los individuos.

Las 7 fases para construir un liderazgo fuerte, estable y competitivo en cualquier marco (naciones, ciudades, provincias, incluso más a nivel local) son:

FASE 1: Autoevaluación y autoconocimiento

La autoevaluación y el autoconocimiento constituyen los cimientos indispensables para un liderazgo político auténtico y eficiente. Este primer paso implica una profunda introspección para explorar las motivaciones fundamentales y comprender las propias fortalezas y áreas de desarrollo. Reflexiona sobre tus motivaciones y valores personales. Antes de adentrarte en el ámbito político, es prioritario examinar tus inquietudes en este aspecto.

Pregúntate cuáles son tus valores fundamentales y cómo estos se conectan con la decisión de buscar un papel de liderazgo. La búsqueda de la equidad, la justicia social o el bienestar comunitario son posibles motores, pero hay muchos más. Intenta centrarte en un máximo de tres. Este proceso de reflexión es esencial para establecer un fundamento sólido.

Identifica tus fortalezas y áreas de mejora

Cada persona cuenta con habilidades distintivas, pero también se encuentra con obstáculos. Es esencial considerar estas capacidades y limitaciones para desarrollar un liderazgo genuino que se caracterice por un análisis crítico de uno mismo. Aunque algunas personas pueden sobresalir en la comunicación, otras pueden demostrar habilidades estratégicas sobresalientes. Este reconocimiento constituye la base para avanzar en lo personal y seguir evolucionando de manera continua.

Evalúa tu capacidad para liderar y tomar decisiones

La política demanda liderazgo sólido y la habilidad de tomar decisiones informadas en situaciones complejas. Reflexiona sobre tu capacidad para guiar a otros, manejar presiones y, lo más importante, tomar decisiones difíciles. Este proceso de autoevaluación contribuye a la construcción de una base sólida para enfrentar los desafíos del liderazgo político.

La autoevaluación no es un proceso estático; es un viaje continuo de autoexploración y aprendizaje. Estar dispuesto a reconocer y abordar áreas de mejora contribuirá al crecimiento constante como líder político. Este paso no solo sienta las bases para el liderazgo, sino que también establece la piedra angular para una conexión más profunda con la comunidad y la formulación de políticas basadas en valores auténticos. Conocerse a uno mismo es el primer paso para comprender y liderar a otros de manera efectiva en el complejo escenario político. Te dejo por aquí 10 preguntas que te ayudarán en esta primera fase:

- ¿Soy consciente de mis fortalezas y debilidades como líder político?

- ¿Tengo claridad acerca de mis valores y principios fundamentales que guiarán mi liderazgo político?

- ¿He identificado las habilidades y competencias que debo desarrollar para liderar un proyecto político?

- ¿Estoy dispuesto/a a recibir críticas y retroalimentación sobre mi desempeño como líder político?

- ¿Estoy dispuesto/a a tomar riesgos y enfrentar desafíos en mi camino hacia el liderazgo político?

- ¿Qué expectativas tengo sobre mi liderazgo político y cómo puedo cumplirlas?

- ¿He investigado y comprendido el entorno político en el que pretendo liderar?

- ¿Soy consciente de las demandas y responsabilidades que conlleva el liderazgo político?

- ¿Estoy dispuesto/a a trabajar en equipo y colaborar con otros líderes políticos para lograr objetivos comunes?

- ¿He reflexionado sobre mis motivaciones para convertirme en un líder político y cómo puedo contribuir al bienestar de la sociedad?

FASE 2: CONEXIÓN CON LA COMUNIDAD

Establecer una relación diaria con la comunidad es fundamental para mantener un liderazgo político perdurable. Estar en política es entender que hay que estar al servicio de la ciudadanía 24 horas al día los 365 días del año.

Este proceso implica involucrarse de manera activa en eventos locales, comprender las inquietudes de los residentes y establecer conexiones fáciles con líderes comunitarios, adoptando una postura receptiva y proactiva, eso que llaman escucha activa.

Participar de manera proactiva en estos eventos y actividades locales permite no solo interactuar con los ciudadanos, sino también comprender a fondo las dinámicas y necesidades vecinales de primera mano. Esta implicación directa es esencial para ser creíble, recordado y, por lo tanto, con mayor garantía de éxito en unas elecciones que puedan presentarse. La práctica de escuchar con dedicación a los residentes para entender sus preocupaciones es de vital importancia en la política moderna. Al comprender sus inquietudes y aspiraciones, se pueden formular políticas que aborden de manera efectiva sus necesidades. Como decía una gran amiga mía, hacer lo que el pueblo quiere y no lo que el político quiere, que es muy distinto. Este proceso de escucha no solo fomenta la empatía, sino que también consolida la relación entre el líder y la comunidad.

Establece relaciones con líderes comunitarios y grupos de interés

Colaborar con líderes comunitarios, *influencers* o grupos de interés diversifica las perspectivas y fomenta alianzas muy valiosas. Establecer relaciones sólidas con ellos puede potenciar el impacto de la marca política personal y su notoriedad como liderazgo político. La autenticidad y el compromiso verdadero son perceptibles por la población —recuerda el caso de Nayib Bukele— y resultan esenciales para construir una imagen de autoridad que se refleje en las necesidades reales de la comunidad.

Prepárate para recorrer y tener mucha presencia en el territorio. Te servirá, y de mucho, también para la campaña política o electoral. Aquí tienes una serie de preguntas que te ayudarán en este apartado:

- ¿Cómo puedo participar activamente en eventos locales para conocer a más personas y comprender sus preocupaciones?

- ¿Qué temas son de mayor relevancia para los residentes de nuestra comunidad en este momento?

- ¿Qué es lo que más valora la comunidad en términos de servicios y recursos locales?

- ¿Cuáles son los principales desafíos y preocupaciones que enfrentan los residentes en su vida diaria?

- ¿Existen grupos específicos dentro de la comunidad que requieran una atención especial o particular?

- ¿Cómo puedo facilitar la comunicación abierta y transparente con la comunidad?

- ¿Qué es lo que la comunidad espera de sus líderes locales en términos de apoyo y representación?

- ¿Qué iniciativas o proyectos específicos podrían mejorar la calidad de vida de la comunidad?

- ¿Cómo puedo asegurarme de que mi liderazgo refleje y respete la diversidad presente en la comunidad?

- ¿Cuáles son las formas más entendibles de involucrar a los residentes en el proceso de toma de decisiones locales?

- Tienes que dedicar mucho tiempo a la investigación, y cuando digo mucho, es mucho. Es la base de cualquier proyecto de *marketing* político.

FASE 3: Desarrollo de habilidades comunicativas

Eres lo que comunicas. La comunicación política es una piedra angular del liderazgo político exitoso. Este paso implica mejorar siempre las habilidades de oratoria, expresión pública, y fomentar la transparencia y la comunicación abierta.

Mejora en cuanto puedas tus habilidades de oratoria y expresión pública

La capacidad de comunicarse de manera clara y persuasiva lo es todo en política; si no comunicas, no existes. Trabajar en el desarrollo de habilidades de oratoria no solo implica el dominio del discurso, sino también la capacidad de conectar con los receptores de tu mensaje. Este desarrollo facilita la transmisión de ideas y propuestas. Utiliza plataformas digitales y de redes sociales para comunicarte con los clientes políticos. En la era digital, las redes sociales son una herramienta poderosa para llegar a grandes números de población. Utilizar plataformas como X, Facebook o Instagram no solo amplifica el alcance de tu mensaje, sino que también permite una comunicación más directa y participativa. La habilidad de utilizar estas plataformas de manera efectiva se ha vuelto indispensable en el paisaje político actual.

Fomenta la transparencia y la comunicación abierta

La confianza se construye a través de hechos, de la transparencia y la comunicación abierta. Ser honesto acerca de las intenciones, decisiones y desafíos fortalece la relación con el pueblo. La habilidad de comunicarse de manera clara y accesible, evitando jergas políticas complicadas, es clave para ganar la confianza del público. El cerebro, que decide el 85 % de las

casuísticas humanas, tiene en una de sus herramientas principales el estímulo de lo tangible o, lo que es lo mismo, entender todo de la manera más fácil posible. Este capítulo quiere
mostrarte que no solo se trata de expresarnos con claridad,
sino también de adaptar el mensaje a diferentes audiencias.
Segmenta tus comunicaciones y ponte en el lugar de alguien
que se ha tropezado con tu mensaje. ¿Es para mí? Eso que he
leído o visto en televisión, ¿se dirige a mí como elector? La
capacidad de comunicarse no solo se limita a discursos forma-
les, sino también a interacciones cotidianas. El liderazgo sabe
cómo utilizar múltiples canales de comunicación para llegar a
diversos segmentos de la población y construir puentes entre
la política y la sociedad.

- ¿Cómo puedes adaptar tu mensaje para que sea claro
  y comprensible para diferentes audiencias dentro de la
  comunidad?

- ¿Qué estrategias implementarías para utilizar las redes
  sociales de manera rentable y aumentar la participación
  de la comunidad?

- ¿Cómo planeas fomentar la transparencia en tu comunicación para construir y mantener la confianza de la
  comunidad?

- ¿Cuáles son los principales desafíos que enfrentas al comunicar decisiones políticas y cómo podrías abordarlos
  de manera práctica y tangible?

- ¿Qué medidas tomarías para asegurar que tu comunicación refleje autenticidad y conecte con las emociones de la audiencia?

- ¿A quién estás dirigiendo tu mensaje?

- ¿He investigado cuáles son las necesidades de la población?

Estas preguntas pueden servir como guía para reflexionar sobre tu estilo comunicativo y explorar áreas de mejora en tu habilidad para conectar con el electorado a través de una comunicación política más segmentada y directa.

FASE 4: Compromiso con problemáticas locales

En este apartado nos centraremos en identificar y abordar las problemáticas clave dentro de tu ciudad. Implica el desarrollo de propuestas y soluciones concretas, así como comunicar claramente tu visión para el desarrollo local.

Identifica los problemas clave en tu municipio

El primer paso para abordar problemas es identificarlos. Puedes hacerlo con múltiples sistemas, *focus group,* encuestas, estudios de opinión, monitorización de comentarios de redes sociales, etc. Realiza un análisis exhaustivo de los desafíos que enfrenta tu municipio, desde cuestiones económicas hasta sociales y medioambientales. Comprender las preocupaciones prioritarias te permitirá desarrollar estrategias a medio y largo plazo con garantías de éxito.

Desarrolla propuestas y soluciones para abordar esas problemáticas

Una vez identificados los problemas, hay que proponer soluciones realistas y que se puedan apreciar. Trabaja en colaboración con expertos, líderes comunitarios y residentes para desarrollar estrategias que aborden las necesidades específicas del municipio. Nada de grandes proyectos y promesas inalcanzables. Estas propuestas deben ser claras, alcanzables y orientadas a resultados tangibles.

Comunica de forma tangible tu visión para el desarrollo local

La comunicación de tu visión política es esencial para movilizar el apoyo de la comunidad. ¿Dónde y cómo quieres ver a tu ciudad en unos años? Articula de manera clara y convincente cómo tu forma de dirigir abordará los problemas y necesidades existentes y contribuirá al desarrollo del lugar. Este paso no solo trata de identificar problemas y proponer soluciones, sino también de liderar la implementación real de esas soluciones, aunque no siempre tengas la capacidad de hacerlo. No es lo mismo gobernar que estar en la oposición. Una persona comprometida con las problemáticas locales es aquella que no solo reconoce los desafíos, sino que también trabaja con determinación para crear un impacto positivo y medible en la calidad de vida de la comunidad.

- ¿Cómo puedes identificar los problemas más apremiantes que enfrenta tu ciudad?

- ¿Qué métodos utilizarías para recopilar información directa de los residentes sobre sus preocupaciones y necesidades?

- ¿Cuáles son las estrategias para involucrar a expertos y líderes comunitarios en la identificación y abordaje de problemas locales?

- ¿Qué direcciones tomarías para desarrollar propuestas y soluciones realistas y prácticas?

- ¿Cómo asegurarías que las soluciones propuestas sean inclusivas y beneficien a diversos segmentos de la comunidad?

- ¿Cuáles son los canales de comunicación más accesibles para compartir tus propuestas y soluciones con la comunidad?

- ¿Cómo planeas generar apoyo y colaboración tanto a nivel local como regional para implementar tus propuestas?

- ¿Cómo comunicarías tu visión de desarrollo local de manera que inspire confianza y apoyo activo de la comunidad?

- ¿Cuáles son los indicadores clave que utilizarías para medir el éxito en la implementación de soluciones?

FASE 5: Participación en organizaciones locales

Este apartado se centra en la participación activa en organizaciones locales. No olvides que una campaña política es una gran conversación social, mucha gente hablando de solo unos pocos.

Implica unirse a organizaciones cívicas, participar en juntas vecinales y colaborar con ONG y asociaciones que trabajen por el bienestar comunitario.

Únete a organizaciones cívicas y grupos de interés

La participación en organizaciones cívicas te conecta en línea recta con los problemas y las iniciativas locales. Únete a grupos que compartan tus valores y objetivos, permitiéndote contribuir a proyectos significativos y establecer conexiones más profundas en la comunidad. Aquí te dejo algunos ejemplos.

Organizaciones

- Rotary Club: una organización internacional que se enfoca en servicios comunitarios y desarrollo a través de proyectos locales.

- Lions Club: similar al Rotary Club, Lions Club se dedica a servicios comunitarios, incluyendo proyectos de salud, educación y medio ambiente.

- Asociación de vecinos: organización a nivel de vecindario que trabaja para mejorar la calidad de vida local, abordando problemas y promoviendo la participación ciudadana.

- Club de Padres y Maestros (PTA): se centra en la colaboración entre padres, maestros y la comunidad escolar para mejorar la educación y el bienestar de los estudiantes.

- Las Asociaciones de Madres y Padres de Alumnos (AMPA) son entidades sin ánimo de lucro cuyo objetivo fundamental es velar por una educación de calidad en los centros educativos de sus hijos y representar los intereses de los padres, madres o tutores legales en relación con el centro.

Grupos de interés

- Grupos ambientalistas locales: organizaciones enfocadas en la preservación del medio ambiente y la sostenibilidad a nivel comunitario.

- Asociaciones de empresarios locales: grupos que representan los intereses de los empresarios locales y promueven el desarrollo económico sostenible.

- Grupos de derechos civiles: organizaciones que abogan por la igualdad y la justicia social a nivel comunitario, luchando contra la discriminación y la exclusión.

- Grupos de voluntariado: organizaciones que movilizan voluntarios para abordar diversas necesidades en la comunidad, desde asistencia social hasta proyectos de construcción.

- Grupos de padres de familia de escuelas: plataformas donde los padres pueden unirse para discutir temas educativos, organizar eventos y abogar por la mejora de las condiciones escolares.

Participa en juntas vecinales y comités locales

La asistencia y participación activa a estos encuentros te brindan una plataforma para comprender las necesidades específicas de distintas áreas de tu municipio. Colaborar con residentes y líderes locales directamente en estos foros fortalece tu vínculo con la comunidad.

Colabora con ONG y asociaciones que trabajen por el bienestar comunitario

Trabajar con organizaciones no gubernamentales y asociaciones sin ánimo de lucro te permite contribuir a proyectos de impacto y ampliar el alcance de tus iniciativas. La colaboración con estas entidades puede ser clave para abordar problemáticas específicas y mejorar la calidad de vida en tu municipio. No solo se trata de pertenecer a organizaciones, sino también de liderar, participar y contribuir de forma diligente a través de estas plataformas. La dinámica activa en estas instancias fortalece tu presencia en la comunidad y demuestra un compromiso tangible con mejorar el bienestar del lugar y de su gente.

- ¿Cuáles son las organizaciones cívicas existentes en tu municipio y cómo podrías contribuir a sus iniciativas?

- ¿En qué grupos de interés locales podrías encontrar aliados para abordar los problemas clave identificados en tu municipio?

- ¿Cómo planeas involucrarte en juntas vecinales para comprender mejor las necesidades específicas de diferentes áreas?

- ¿Cuáles son las principales preocupaciones de las asociaciones de empresarios locales y cómo podrías colaborar para impulsar el desarrollo económico sostenible?

- ¿Qué acciones tomarías para participar y contribuir en proyectos específicos de organizaciones ambientalistas locales?

- ¿Cuáles son las necesidades específicas de los grupos de voluntariado en tu municipio y cómo podrías movilizar recursos para apoyar sus esfuerzos?

- ¿Cómo podrías fortalecer la conexión entre los clubes de padres y maestros y tu liderazgo político para mejorar la calidad educativa en tu municipio?

- ¿Qué iniciativas podrías liderar junto a grupos de derechos civiles para promover la igualdad y la justicia social en tu comunidad?

- ¿Cómo planeas colaborar con grupos de padres de familia de escuelas para abordar desafíos educativos específicos y mejorar las condiciones escolares?

- ¿En qué medida tu participación en estas organizaciones locales refleja y apoya tu visión para el desarrollo y bienestar de la comunidad?

FASE 6: Ética y transparencia

Este paso se centra en establecer una base ética sólida para tu liderazgo político. Implica la creación de un código ético, una especie de carta magna donde el compromiso con la transparencia en la gestión municipal y el abordar la corrupción y prácticas poco éticas se tienen que hacer de manera firme.

La gente compra gente.

Establece un código ético para tu liderazgo

Definir un conjunto claro de principios éticos que guíen tu liderazgo es esencial. Este código ético debe abordar temas como la integridad, la equidad, la honestidad y el respeto. Proporciona una guía ética para ti y tu equipo, así como una declaración pública de tus valores, no hay que tener miedo a ello. Estamos viendo como en la política actual la defensa de argumentos de los partidos políticos conlleva ir en contra de la ética personal, y eso, aunque te parezca irrelevante, lo percibe, y mucho, el electorado.

Comprométete con la transparencia en la gestión

La transparencia en la toma de decisiones y la gestión de recursos es esencial para ganar y mantener la confianza de la comunidad. Comprométete a proporcionar información clara y accesible sobre las acciones y decisiones de tu administración, promoviendo un gobierno abierto y participativo.

Aborda la corrupción y las prácticas poco éticas de manera firme

La tolerancia cero hacia la corrupción y prácticas poco éticas debe ser una parte integral de tu liderazgo. Implementa medidas estrictas para prevenir y abordar la corrupción y responde con firmeza a cualquier indicio de conducta no ética dentro de tu administración. No solo se trata de establecer principios éticos, sino también de ponerlos en práctica en cada aspecto de tu liderazgo. La integridad y la transparencia no solo construyen confianza, sino que también establecen un estándar elevado para la gestión pública en tu municipio.

- ¿Cómo definirías tus principios éticos fundamentales y cómo los comunicarías a la comunidad?

- ¿Qué medidas prácticas implementarías para garantizar la transparencia en la gestión municipal y la toma de decisiones?

- ¿Cuáles serían los componentes clave de tu código ético y cómo garantizarías su adhesión en toda tu administración?

- Ante un caso potencial de corrupción o prácticas poco éticas, ¿cuáles serían tus acciones inmediatas y cómo comunicarías la situación a la comunidad?

- ¿Cómo involucrarías a la comunidad en la supervisión de la ética y la transparencia de tu liderazgo, promoviendo una participación ciudadana activa?

Estas preguntas son solo un ejemplo que puedes trabajar y están diseñadas para ayudarte a reflexionar sobre cómo puedes establecer y mantener altos estándares éticos y de transparencia en tu liderazgo, fortaleciendo así la confianza de la comunidad en tu persona, en tu proyecto político.

FASE 7: Desarrollo de alianzas políticas

Este último paso se enfoca en la construcción de relaciones con otros líderes políticos locales. En política nos votan para que nos entendamos. Implica formar coaliciones y alianzas para impulsar proyectos comunes, así como colaborar con diferentes partidos para fortalecer tu apoyo y la capacidad de implementar iniciativas.

Construye relaciones con otros líderes políticos locales

Establecer relaciones sólidas con otros líderes o personas influyentes en tu área es esencial para la colaboración política y social. Busca oportunidades para trabajar en conjunto en proyectos que beneficien a la comunidad y fortalezcan la unidad entre los líderes locales. Piensa que, si te ven colaborar con algún dirigente que propone una mejora para su ciudad, tú serás partícipe de ella.

Forma coaliciones y alianzas para impulsar proyectos comunes

Colaborar con otros líderes en proyectos compartidos amplifica el impacto y crea sinergias que pueden ser beneficiosas para comunidades más diversas.

Hay un proverbio africano que dice algo así: «Si quieres llegar rápido, ve solo; si quieres llegar lejos, ve acompañado».

Este tipo de acuerdos son una estrategia esencial, ya que permite a los líderes unir fuerzas y recursos para abordar desafíos importantes que afectan a la comunidad de manera más plural. La colaboración entre diferentes actores se ha vuelto fundamental para lograr resultados significativos y con más alcance, beneficios que de manera individual sería imposible conseguir. Un ejemplo de ellos lo tenemos cuando vemos a líderes mundiales colaborando en políticas migratorias o políticas para afrontar las crisis climáticas.

Al formar estas alianzas, los líderes políticos pueden combinar sus habilidades, conocimientos y redes de apoyo para impulsar proyectos comunes que aborden estas casuísticas compartidas por los diferentes países. Esta colaboración a dos bandas aumenta el impacto de las acciones y permite aprovechar sinergias que pueden generar resultados más exitosos.

Al unir fuerzas, los líderes políticos pueden enfrentar desafíos complejos con una gama más amplia de herramientas, recursos y perspectivas, lo que aumenta las posibilidades de éxito.

Además, las coaliciones políticas fomentan la construcción de relaciones sólidas entre diferentes gestores políticos, facilitando la resolución de conflictos, incluso de diferencias ideológicas. Otro ejemplo reciente en España fue la formación de coaliciones en la Comunidad Valenciana después de las elecciones autonómicas de 2019. En estas elecciones, ningún partido político logró una mayoría absoluta en Les Corts (el Parlamento valenciano), lo que llevó a la necesidad de formar pactos para establecer un gobierno.

El Partido Socialista del País Valenciano (PSPV-PSOE), liderado por Ximo Puig, obtuvo la mayor cantidad de escaños, pero no alcanzó la mayoría necesaria para gobernar en solitario. El resultado hizo que se formara una coalición denominada Acuerdo del Botànic entre el PSPV-PSOE, Compromís (una coalición de partidos valencianistas) y Podemos, con el objetivo de establecer un gobierno progresista en la Comunidad Valenciana.

Esta coalición permitió que Ximo Puig fuera investido como presidente de la Generalitat Valenciana en 2019 y, desde entonces, ha estado gobernando con el apoyo de los partidos que conforman aquel acuerdo de legislatura. Este ejemplo ilustra cómo la formación de coaliciones políticas es una práctica común en España para garantizar la gobernabilidad y representar una variedad de intereses políticos en las diferentes comunidades autónomas del país, más aún cuando las mayorías absolutas en contiendas electorales se hace cada vez más difícil.

Colabora con diferentes partidos para fortalecer tu apoyo

Trabajar con líderes de diferentes partidos políticos demuestra una voluntad de superar las divisiones partidistas en beneficio de la comunidad. Para mí este es un apartado fundamental a la hora de establecer una conexión emocional con la ciudadanía. La colaboración interpartidista puede fortalecer tu apoyo político y facilitar la implementación de proyectos transversales. Esta última fase no solo implica establecer relaciones, sino también liderar esfuerzos para unir a líderes políticos con perspectivas diferentes en la consecución de objetivos comunes, la política del acercamiento. La capacidad de construir puentes entre diferentes corrientes políticas es necesaria para promover una gobernanza efectiva y la resolución de problemas a escala más global.

Aquí tienes 10 preguntas que podrían ayudarte a reflexionar sobre el desarrollo de alianzas políticas en tu liderazgo:

- ¿Cuáles son los líderes políticos locales con los que ya has establecido relaciones y cómo podrías fortalecer esas conexiones?

- ¿En qué proyectos específicos podrías colaborar con otros líderes políticos para abordar desafíos comunes en tu comunidad?

- ¿Cómo manejarías las diferencias ideológicas al formar coaliciones o alianzas para proyectos específicos?

- ¿Cuáles serían los criterios para seleccionar líderes políticos con los que colaborar, y cómo garantizarías que compartan tus valores fundamentales?

- ¿Cómo comunicarías de manera que se entienda sin esfuerzo la importancia de la colaboración interpartidista a la comunidad?

- Ante desafíos significativos en tu municipio, ¿cómo buscarías apoyo y participación de otros líderes políticos para encontrar soluciones?

- ¿Qué estrategias implementarías para fomentar la cooperación entre diferentes partidos políticos en proyectos de interés general?

- ¿Cuáles serían tus prioridades al formar alianzas políticas, y cómo garantizarías que los acuerdos beneficien a la comunidad en lugar de intereses individuales?

- ¿Qué medidas tomarías para construir puentes y facilitar la colaboración entre líderes políticos de diversas corrientes ideológicas?

- ¿Cómo evaluarías el éxito de tus alianzas políticas en términos de impacto positivo en la comunidad y avance en proyectos conjuntos?

A modo de reflexión sobre estas 7 fases del desarrollo del liderazgo político, quiero destacar la complejidad inherente a esta tarea y cómo abordarla de manera realista. No tiene sentido destacar y trabajar una de ellas y dejar el resto al azar. Se observa que para tener autoridad moral no solo debe poseer cualidades innatas, como la inteligencia emocional y la empatía, sino también comprometerse con entusiasmo en un proceso continuo de aprendizaje y desarrollo personal. Importante entender la interacción constante entre los factores heredados y los adquiridos en la formación de un líder con proyección. La conexión con la comunidad surge como un hilo conductor a lo largo de las fases, subrayando la importancia de comprender las preocupaciones locales y establecer relaciones con quienes te votan y con quienes prefieren a tus adversarios políticos.

Este énfasis en la autenticidad sugiere que un líder político de éxito no solo debe conocer las necesidades de la comunidad, sino también abordarlas con sinceridad y transparencia. La participación en organizaciones locales y la colaboración con diversos grupos demuestran un compromiso tangible con la mejora del bienestar comunitario. La ética y la transparencia se posicionan como pilares fundamentales del liderazgo político, destacando la necesidad de establecer principios éticos claros y comprometerse con la rendición de cuentas. En estos momentos políticos tan convulsos en los que la ciudadanía necesita volver a creer, el papel de la confianza es vital. La tolerancia cero hacia la corrupción y la adopción de prácticas éticas son requisitos imprescindibles para construir y mantener la confianza pública. La última fase, centrada en el desarrollo de alianzas y acuerdos políticos, subraya la importancia de la colaboración y la superación de divisiones y barreras partidistas e ideológicas, ahora tan comúnmente llamadas líneas rojas.

Esta línea integradora refleja una comprensión profunda de que la resolución real de los desafíos locales requiere de la cooperación entre líderes con diferentes puntos de vista. La capacidad de construir puentes entre diversas corrientes ideológicas muestra una visión de un liderazgo político que trasciende la polarización y busca soluciones sosegadas para el bien común. Estas etapas propuestas para construir el liderazgo político proporcionan un marco completo que no solo guía el desarrollo individual del líder, sino que también promueve un estado más colaborativo y ético para abordar proyectos políticos a nivel personal y a nivel más global. La reflexión que planteo destaca la importancia de liderazgos arraigados en valores, autenticidad y una profunda conexión con la realidad y las necesidades de la sociedad. Más calle, menos despacho.

EPÍLOGO

En este libro he querido explorar a fondo el tema de la construcción del liderazgo político en el contexto del siglo XXI.

A lo largo de sus páginas, se han analizado las diferentes formas y características que definen al buen liderazgo político en sus variantes económicas, sociales y de otra índole, así como las estrategias y fases críticas para fortalecerlo en todos esos campos. Además, hemos realizado un recorrido por algunos dirigentes más contemporáneos, como Barack Obama, Donald Trump, Isabel Díaz Ayuso, Felipe González, Nayib Bukele, Jair Bolsonaro, Kamala Harris, Milei y Alexandria Ocasio-Cortez, entre otros, que nos han servido como casos de estudio para comprender la aplicación práctica de estos conceptos.

Desde el inicio de este camino, también quise destacar la importancia del liderazgo político en la sociedad que nos rodea, una sociedad plagada de desinformación, *fake news* y conflictos de todo tipo. Sí, estamos en un mundo en constante cambio y con desafíos complejos, no lo podemos obviar. Por eso, la presencia de verdaderos líderes visionarios se vuelve indispensable para guiar a las naciones y comunidades hacia un futuro prometedor o, al menos, mejor que este presente tan confuso. Hemos visto a lo largo de párrafos y páginas la necesidad de impulsar el liderazgo femenino en la política, buscando la equidad, la presencia y la diversidad en la toma de decisiones y representación. Se avanza en este apartado, pero aún queda demasiado camino por recorrer.

A lo largo de los capítulos, hemos identificado las características clave de un líder político que quiera mostrar confianza, fuerza y credibilidad. En el ecuador de la obra hablamos de la importancia de ser un visionario y estratega, capaz de trazar un camino claro y coherente hacia los objetivos planteados. Y hablamos de algo que me apasiona, la comunicación. En este caso de una comunicación más presencial, inconsciente y persuasiva como la comunicación no verbal, aspecto fundamental para inspirar, persuadir y conectar con las emociones de las personas. La capacidad de negociación y conciliación ha sido identificada como una herramienta esencial para construir consensos y encontrar soluciones viables en el ámbito político.

Del mismo modo, hemos enfatizado la importancia de desarrollar la empatía y la habilidad de conexión emocional para comprender las necesidades y aspiraciones de la sociedad que se pretende liderar. No podemos olvidar el valor de la integridad y la ética, aspectos que generan confianza y respeto en los líderes políticos. Son ellos quienes deben actuar con transparencia, honestidad y coherencia, siendo modelos a seguir para sus comunidades. Un líder referente ante las audiencias debe saber construir alianzas y redes de apoyo sólidas, reconociendo la importancia de sumar ideas y perspectivas diversas en la toma de decisiones.

¿Existe entonces una necesidad imperiosa de fomentar una cultura del liderazgo? Sí. Esto implicaría no solo fortalecer el liderazgo individual, sino también establecer políticas y estructuras que favorezcan la formación y promoción de líderes políticos capaces y comprometidos con el bienestar social. Una cultura asumida y transmitida desde que tenemos uso de conciencia. El libro *Maestro de Sombras* es, en mi humilde opinión, una guía para comprender el devenir y la construcción del liderazgo político moderno. A través de sus páginas, obtenemos conocimientos y herramientas clave para desarrollar nuestras capacidades de autoridad en el ámbito no solo político, sino también familiar y social. Siendo conscientes de nuestras fortalezas y debilidades, aplicando habilidades de comunicación política, toma de decisiones estratégicas y trabajo en equipo, podemos forjar un liderazgo político sólido y orientado hacia la transformación y el bienestar de nuestro pueblo. Este libro invita, al menos a mí, a reflexionar sobre nuestra sesgada visión política y a comprometernos con la construcción de un mañana mejor. ¡Hagámoslo posible!

¿Sabes qué? Todavía hay más por descubrir, la historia de *Maestro de Sombras* no ha concluido aún. La continuación de esta fascinante travesía tendrá como segunda entrega *El Arte de la Guerra Política,* donde nos adentramos en un terreno aún más misterioso y lleno de intriga. Los personajes se enfrentarán a desafíos que pondrán a prueba no solo su astucia, sino también su fuerza, su moralidad y su capacidad de supervivencia en el reino de la política. Prepárate para una experiencia literaria cautivadora en la que las sombras revelan y esconden sus secretos y donde el mundo de la política está en juego. Te espero en el campo de batalla, la guerra no ha hecho más que empezar.

DATOS DE CONTACTO DEL AUTOR

Isaac Manuel Hernández Álvarez

Web: www.isaachernandez.es
Mail: contacto@isaachernandez.es

Redes sociales:

X: @_IsaacHernandez
Instagram: Instagram.com/isaachernandezalvarez
YouTube: youtube.com/isaachernandezasesorpolitico
Facebook: fb.com/IsaacMHA
LinkedIn: linkedin.com/in/isaachernandezalvarez

Otras obras del autor: